종은 다시 울려 퍼지고

종은 다시 울려 퍼지고

나가이 다카시 지음
조해냄 옮김

종은 다시 울려 퍼지고

종은
다시
울려
퍼지고

1쇄 발행 2026년 2월 25일

지은이 나가이 다카시
옮긴이 조해냄
펴낸이 조일동
펴낸곳 드레북스

출판등록 제2025-000023호
주소 서울시 은평구 통일로 630 래미안 베라힐즈 203동 1102호
전화 010-4216-9294
이메일 drebooks@naver.com
인스타그램 @drebooks

인쇄 (주)프린탑
배본 최강물류

ISBN 979-11-93946-68-8 03300

“인류의 평화를 위한 약속이라면
아무리 힘들더라도 지켜야 한다.
이 약속을 조롱하거나 어기는 이들이 있다면
우리는 그들을 막아내야 한다.
이것이야말로 전쟁이라는 끔찍하고 비참한 재난을 이겨내는
힘이며, 우리가 잃지 말아야 할 진정한 용기다.”

프롤로그

세상이 끝나는 날까지

많은 이들이 원자폭탄을 두려워하고 궁금해한다. 나는 그때 원자폭탄의 폭발 현장에 있었고 그 참사를 목격했다. 그러므로 내가 보고 듣고 느끼고 관찰한 것을 있는 그대로 전해야 할 책임감을 느꼈다.

붕대를 겨우 푼 채 병상에서 이 책을 쓰기 시작했다. 다시 읽어보니 부족하고 민망할 만큼 어설프다. 하지만 다시 쓴다면 이보다 생생하게 그날을 전하지 못할 것이다. 내가 쓴 글이면서도 읽을수록 그때의 기억으로 몸서리쳐진다.

의사가 쓴 글이지만 이 책은 의학 기록이 아니다. 현장 스케치나 환자의 증상을 찍은 사진도 없고, 해부하거나 표본도 만들지 않았기 때문에 의학 논문으로도 가치가 없다. 그때 현장에서 마주한 사상자들은 내가 가르치던 학생들이고 동료이며 낯익은 이웃이었다. 그들 앞에서 과학자의 냉정함을 내밀 수는 없다. 그들과 같은 한 사람으로서 아파하고 슬퍼하는 것만으로도 충분하다. 그래서 이 책은 과학적 기록이나 문학적인 글이 아니며, 한 사람의 수기로서는 가치가 있을 것이다.

내가 쓴 책이 몇 권 출간되었지만 가장 처음 쓴 것은 이 책이며, 이 책은 원자폭탄을 다룬 내 여러 책의 바탕이 되었다. 출판에 대해 전혀 몰랐고 집필 경험조차 없다 보니 인류 역사를 뒤바꾼 사건을 다룰 능력도 문장력도 부족했다. 이 때문에 출판사들이 출간을 망설인 것도 이해한다. 하지만 거칠고 서툰 문장이라도 사실 그대로를 전한 기록이기에 세상에 도움이 되기를, 그래서 몇 부라도 출간할 수 있기를 간절히 바랐다.

구마쿠라 씨의 도움으로 야마모토 도시오 씨와 시키바 류사부로 박사를 만날 수 있었고, 그분들이 적극적으로 나서준 덕분에 많은 이들이 내 글에 관심을 갖게 되었다. 나를 직접 찾아와 위로해주고 책으로 나올 수 있도록 도움을 아끼지 않은 그분들에게 진심으로 감사드린다. 나에 대한 배려 이전에 인간에 대한 사랑이 없었다면 일어날 수 없는 일이라 믿는다. 이 책으로 사람들이 원자폭탄의 실상을 알게 되고, 그들의 마음에 전쟁을 증오하고 평화를 사랑하는 마음이 깃들기를 바란다.

나가사키 성당의 종은 지난 크리스마스에 잔해더미 속에서 파내어 임시로 매달아 두었다. 그러다가 3년이 지난 오늘에야 종루를 지어 높이 세우고 다시 종을 울리게 되었다. 이 평화의 종이 세상이 끝나는 날까지 울려 퍼지기를 간절히 기도한다.

CONTENTS

프롤로그

1장 _ 1945년 8월 9일
폭풍이 불어오는 곳 ___ 013
폭탄은 떨어지고 ___ 020
1945년 8월 9일 ___ 026
경계선에서 ___ 040
어둠 속에서도 꽃은 피고 ___ 050

2장 _ 전쟁은 끝났지만
세상의 끝 ___ 073
누구도 짐작하지 못한 ___ 080
그날 우리에게 남은 것 ___ 095
순례자들 ___ 103
생명을 위하여 ___ 116
아내의 묵주 ___ 127

3장 _ 종은 다시 울려 퍼지고
그래도 살아야 한다면 ___ 139
이 작은 마음이라도 ___ 149
움막의 손님 ___ 152
슬퍼하는 자 복이 있나니 ___ 161
종은 다시 울려 퍼지고 ___ 168
이 아이들을 남겨 두고 ___ 176

에필로그

1945년 8월 9일

폭풍이 불어오는 곳

　1945년 8월 9일, 태양은 어김없이 곤피라 산에 떠올랐고, 우라카미는 마지막 아침을 맞이했다. 강변 평야에 늘어선 군수 공장 굴뚝마다 흰 연기를 내뿜었고, 상점가 지붕들은 도로 사이로 보라색 물결이었다. 언덕 위 주택가에서는 아침 식사를 준비하는 연기가 피어올랐고, 산 중턱 계단밭에는 무성한 고구마 잎 위로 아침 이슬이 내려앉았다. 동양에서 가장 큰 규모를 자랑하는 우라카미 성당에서는 신자들이 인류의 죄를 회개하는 기도를 드리고 있었다.

　나가사키 의과대학은 오늘도 8시 정각에 강의를 시작했다. 전투와 학문을 병행한다는 지침에 따라 의과대학의 모든 교수와 학생, 의료진은 의료구호대로 개편되었다. 그들은 구급

낭을 허리에 맨 채 학업과 연구, 치료에 임하다가 만일의 사태가 발생하면 즉시 부상자를 구호하고 치료하는 임무를 맡았다. 지금까지 몇 차례 그 일을 수행했다. 일주일 전에도 공습당했을 때 의대생 3명이 죽고 10여 명의 부상자가 나왔지만, 의대생과 의료진의 용감한 구호 활동 덕분에 환자 중에는 단 한 명의 희생자도 나오지 않았다. 나가사키 의과대학은 공습에 익숙해져 있었다.

공습경보가 울렸다. 강당에서 병원 복도로 쏟아져 나온 의대생들은 저마다 무리를 지어 담당 구역으로 흩어졌다. 본부 전령이 메가폰을 들고 외치면서 복도를 지나갔다. 오늘도 남규슈 일대에 대규모 공습이 있을 듯하다. 계속해서 공습경보가 울렸다. 고개를 들어 보니 맑게 갠 하늘에 구름이 유난히 빛났고, 적기가 나타날 것만 같은 기분이었다. 눈에 보이지 않는 미묘한 파동이 일었고, 곧이어 사이렌이 울렸다. 그 소리는 귀를 틀어막고 싶을 만큼 요란하게 울리고 멈추기를 반복했다. 누구에게도 용기를 북돋우는 소리가 아니었다.

화단에 핀 백일홍과 협죽도가 새빨갛다. 칸나는 핏빛이다. 의대 1학년생들이 붉게 물든 꽃그늘 아래의 방공호에 몸을 숨긴 채 때를 기다리고 있다.

"전황이 어떻게 될까?"

가고시마 중학교 출신이 중얼거리듯 말했다.

"내 동급생 중에 비행 연습생으로 간 애가 많다는데……."

"우리 공군은 도대체 뭘 하는 거야?"

참호 안에서 오사카 사투리가 들려왔다.

"다 틀렸어. 애써 봤자 소용없어, 이런 상태로는."

아무도 대꾸하지 않았다. 그 심정을 모르는 것이 아니다. 하지만 우리가 디디고 선 이 땅은 지금 생사의 갈림길에 있다. 이기려고 시작한 전쟁이다. 지려는 마음으로 이런 비극을 일으킬 리 없다. 눈치 빠른 학생들은 사이판 패배 이후 최고군사회의의 발표 문구에 뭔가 수상한 냄새가 난다고 느꼈고, 그들이 불안해하는 것도 그럴 만했다.

"어떻게 생각해, 조장? 전쟁이 어떻게 될 것 같아?"

좁은 방공호 안에서 오사카 친구가 조장에게 물었다. 그는 붉게 달아오른 얼굴에 로이드안경을 쓰고 있었다.

조장 후지모토는 아까부터 푸른 오동나무 밑에서 팔짱을 낀 채 하늘을 주시하고 있었다. 철모에서 각반을 단단히 묶은 종아리까지 빈틈없이 무장했다. 그는 몸집은 작지만 대담한 청년으로, 지금까지 여러 번 포화 속으로 뛰어들어 부상자를 구해 학생들에게 신뢰받고 있었다. 이 작은 남자가 앞장서서 뛰어들자 학생들이 뒤를 따랐다. 후지모토는 아버지의 망원경을 허리에 차고 있다. 적기가 머리 위로 날아오면 침착하게 망원경을 꺼내 적기의 행동을 살피고 보고하는 것이 그의 임무였다.

"조장, 어떻게 될까?"

오사카 친구가 되물었다.

"전쟁이 어떻게 될 것 같냐는 거지?"

후지모토가 확인하듯 말했다.

"우리의 운명은 전쟁으로 결정되는 게 아니라 우리 힘으로 전쟁의 운명이 결정되는 거지. 결국 미국 학생들과 우리 중 누가 더 센지 그것으로 승패가 날 거야."

"하지만 너무한 거 아니야, 이 상황은. 물량 차이가 너무 심해서 우리 힘으로는 아무것도 안 된다고."

"그럴지도 몰라. 하지만 이곳에 폭탄이 떨어지면 그런 말은 아무 소용없어. 당장 뛰어나가서 부상자를 치료해야 해. 우리는 끝까지 우리의 본분을 다할 뿐이야."

후지모토는 단호했다. 오사카 친구는 여전히 이해하지 못했다. 그때 큰 각목을 메고 부조장이 다가왔다. 고쿠라 중학교 출신으로 묵묵히 자기가 맡은 일을 하는 부조장은 지금도 감시 참호의 보강 공사를 위해 혼자 땀을 흘리고 있었다.

"적군이 정말 여기에 몰려온다면 어떻게 할 거야, 부조장?"

"죽고 사는 건 하늘의 뜻이겠지."

부조장이 허리춤에서 부채를 꺼내 땀을 식힌다.

"살아도 죽어도 사람들에게 웃음거리는 되지 말아야지."

모두 말이 없었다. 백일홍도 협죽도도 칸나도 말라버린 피처럼 움직이지 않았다. 고요함을 뚫고 건너편 큰 녹나무에서 매미 울음소리가 들려왔다.

이날 방공 담당 교관이던 나는 병원 현관에서부터 큰 복도를 따라 뒷문까지 순찰했다. 병실 입구마다 간호사와 의대생들이 대기하고 있었다.

양동이마다 물이 가득 채워져 있고 호스도 준비되어 있었다. 소화기와 삽, 괭이를 비롯해 유사시에 소이탄 정도는 막을 수 있도록 정비해 두었다. 입원 환자들은 방공호로 안전하게 옮겼다. 방사선 치료실 앞에서 의대 3학년생인 우에노와 만났다. 그는 용감하다. 지난번 공습으로 산부인과에 불이 났을 때, 그는 바로 옆 피부과 병동 옥상으로 올라가 혼자 감시 역할을 했다. 우리가 물이 든 양동이를 들고 산부인과로 뛰어갔을 때, 적기는 아직도 급강하 폭격 중이었다.

"적기가 머리 위로 지나간다! 안심하고 나와서 빨리 불을 꺼라!"

"적기가 다시 왔다! 폭격이다! 대피!"

우에노는 폭탄이 떨어지는 순간순간마다 모두에게 큰 소리로 외쳤다.

"수고하네."

내가 고마움을 표하자 그는 쑥스러운 듯 머리를 긁적였다.

"지난번에 어머니한테 혼났어요. 사람들 앞에 함부로 나서서 우쭐대지 말라고요. 애도 아닌데 하시면서요."

뒷문에는 펌프 조원들이 모여 있었다. 소이탄과 폭탄은 대비할 수 있을 듯하다. 나는 안심하고 병동의 동쪽을 순찰했다. 지난번 폭탄에 파괴된 외과, 산부인과, 이비인후과의 잔해는 사람의 상처보다 참혹했다. 여기도 협죽도가 새빨갛게 피어 있었다. 희미하게 페놀 냄새가 감돌았고, 문득 불길한 예감이 들었다. 그때 온몸의 의심을 풀어주려는 듯 경보 해제를 알리는 사이렌이 울렸다.

강의실로 돌아와 보니 학생들이 시끌벅적 떠들면서 철모 끈을 풀고 있었다.

"규슈 관내에 적기 없음."

정보계의 이노우에 간호사가 큰 눈을 더 크게 뜨고 고개를 기울이며 라디오 방송 내용을 그대로 보고했다. 붉게 달아오른 뺨에 땀이 나서 머리카락 몇 올이 달라붙어 있었다.

"즉시 수업 시작!"

본부 전령이 거듭 외치며 지나갔다. 학생들은 강의실로 들어갔고, 대학은 다시 진리를 탐구하는 상아탑이 되었다. 병원의 임상학과에는 환자들이 접수처로 몰려들었고, 그 사이를 의대생들의 흰 가운이 누볐다. 내 강의실 맞은편 내과 문틈으로 학장인 츠노 교수의 임상학 강의 목소리가 새어 나왔다.

폭탄은 떨어지고

　지모토 노인은 가비라다케 산꼭대기에서 풀을 베고 있었다. 이곳에서는 우라카미가 약간 비스듬히 내려다보인다. 우라카미 마을과 언덕 위로 한여름의 태양이 아무 일도 없다는 듯 빛나고 있었다. 그는 순간 미세한 폭발음을 들었다. 무슨 일인가 싶어 낫을 든 채 허리를 펴고 하늘을 올려다보았다. 하늘은 대체로 맑았고, 머리 위에 손바닥 모양의 커다란 구름 한 점이 떠 있었다. 폭발음은 그 구름 위에서 들려왔다. 그곳에 뭔가가 나타났다. B29였다. 구름 한가운데에서 은색으로 빛나는 작은 점이었다. 고도 8천 미터에 이르는 순간 가늘고 긴 검은색 물체 하나가 떨어졌다.

　'폭탄, 폭탄이다!'

그는 그 자리에 서둘러 엎드렸다. 5초, 10초, 20초, 1분……. 숨 죽인 채 시간이 흘렀다.

갑자기 섬광이 번쩍였다. 엄청난 밝기였다. 소리는 전혀 들리지 않았다. 그는 조심스럽게 고개를 들었다. 그것은 우라카미에 떨어졌다.

우라카미 성당 상공에 조금 전까지만 해도 없었던 거대한 흰 연기가 떠오르더니 무서운 속도로 커졌다. 지모토 씨가 더 놀란 것은 그 흰 연기 덩어리 아래에서 우라카미의 언덕과 산지를 따라 이쪽으로 맹렬하게 밀려오는 돌풍이었다. 돌풍은 언덕 위의 집들은 물론이고 땅 위에 솟아 있는 물체란 물체는 모조리 쓰러뜨리고 부수고 날려버렸다. 순식간에 눈앞의 숲까지 쓸어버린 돌풍은 가비라다케 산 중턱을 향해 올라갔다.

'저게 뭐지?'

눈에 보이지 않는 커다란 롤러가 땅을 고르며 굴러오는 것 같았다. 자기마저 롤러에 깔릴 것 같아 그는 두 손을 모아 기도했다.

"신이시여, 살려주소서, 살려주소서."

땅바닥에 납작 엎드렸다.

쿵! 쿵! 쿵!

무시무시한 울림에 귀가 먹먹해지는 동시에 그는 엎드린

채로 공중으로 날려갔다. 5미터쯤 떨어진 밭 가운데에 내동댕이쳐진 그는 겨우 눈을 뜨고 주위를 둘러보았다. 나무들은 모두 부러지고 쓰러졌으며, 잎이란 잎은 모두 떨어져 나가고 없었다. 불쾌한 송진 냄새가 코를 찔렀다.

후루에 씨는 미치노에서 우라카미로 자전거를 타고 돌아오는 중이었다. 군수 공장 앞을 지나는 순간 이상한 폭발음을 들은 듯했다. 무심코 고개를 들자 마츠야마 마을의 상공 위로 불덩이 한 점이 보였다. 그것은 눈을 찌를 듯한 밝은 빛이 아니라 시뻘건 불덩이였다. 그 불덩이가 지면을 향해 밀려왔다.
'저게 뭘까?'
안경을 고쳐 쓰려는 순간 눈앞에서 엄청난 섬광이 일었고, 몸이 공중으로 떠올랐다. 몇 시간이 지나, 논밭 한복판에서 같이 날아간 자전거 밑에 깔린 채 눈을 떴다. 앞이 흐릿했다. 한쪽 눈이 전혀 보이지 않았다.

다카와 선생은 우라카미에서 7킬로미터 떨어진 고쿠라 초등학교 교무실에서 방공일지에 아침의 공습경보를 기록하다가 잠시 고개를 들어 창밖으로 눈을 돌렸다. 눈앞에 자그마한 산자락이 보였고, 그 너머로 나가사키 항구를 비추는 하늘빛이 푸르렀다. 그 푸른 하늘이 순간 번쩍였다. 그 빛이 날카롭게 눈을 찔렀다. 한여름 뙤약볕이 몹시 어둡게 느껴졌을 정도였으니 태양광선보다 몇 배는 더 밝았으리라.

"대낮에 조명탄이라니 무슨 일이야?"

그는 중얼거리며 자리에서 일어나다가 뭔가 이상한 것을 발견했다.

"저기, 저게 뭐지?"

그 말에 교무실 안에 있던 사람들이 창가로 모여들었다. 우라카미 상공에 흰 구름 한 점이 나타나더니 옆과 위쪽으로 엄청난 기세로 커지고 있었다.

"저게 뭐지?"

다들 놀라는 사이 흰 구름은 직경 1킬로미터 넘게 부풀었다. 그 순간 폭풍이 밀어닥쳐 교무실을 뒤흔들었고, 구경하던 사람들은 모두 유리 파편을 뒤집어썼다.

"폭탄이 떨어졌다! 학교에 명중했다! 대피, 대피!"

다카와 선생은 외치면서 뒷산 방공호로 뛰어 들어갔다. 그의 집에서는 아내와 아이들이 남편과 아빠의 이름을 부르며 죽어가고 있다는 사실을 전혀 모른 채 그는 방공호의 차가운 바닥에 쪼그려 앉아 있었다.

　가토는 나가사키 항구 남쪽의 하치로다케 산 중턱에 있었다. 우라카미에서 8킬로미터 떨어진 이곳에서 나가사키 항구 너머로 우라카미 분지가 안개 낀 듯 희미하게 보였다. 그는 소를 몰고 들에 나와 있었다. 그가 번개를 본 것은 풀밭에서 새빨간 뱀딸기를 발견하고 두어 송이 따서 입에 넣으려는 순간이었다. 소도 놀란 듯 고개를 들었다.

　우라카미 상공에 희고 짙은 솜구름이 생겨나더니 순식간에 커졌다. 초롱을 흰 솜으로 두껍게 싼 것처럼 구름의 바깥쪽은 하얀색이었지만 안쪽은 붉게 타올랐다. 그 하얀 구름 중심부에서 빨간색, 노란색, 보라색으로 빛나는 섬광이 쉴 새 없이 방전을 일으켰다. 구름은 둥글게 부풀어 오르더니 위로 올라가 버섯 모양이 되었다. 그때쯤 그 구름 바로 아래의 우라카미 계곡 한가운데에서 시커먼 흙먼지가 딸려 올라가듯 솟구쳤다. 버섯 모양의 구름은 계속해서 하늘 높이 올라가더니 어느 순간 형체가 무너지면서 동쪽으로 흐르기 시작했다. 흙먼지들이 산보다 높이 치솟아 오르다가 일부는 다시 아래로 떨어지거나 동쪽으로 흘러갔다. 날씨는 맑아 햇살이 산과 바다를 밝게 비추고 있었다. 하지만 우라카미는 거대한 구름의 그림자에 가려 새까맣게 보였다.

　잠시 후 쾅 하는 소리가 진동하더니 옷자락이 심하게 펄럭이고 나뭇잎들이 힘없이 날아갔다. 폭풍은 그가 있는 곳에 밀려오면서 상당히 약해졌는지 소가 날뛸 정도는 아니었다. 그는 또 한 발의 폭탄이 바로 근처에 떨어졌으리라 생각했다.

다카미 씨는 소를 몰고 목장으로 돌아가던 중이었다. 그는 우라카미에서 2킬로미터 떨어진 길을 지나다가 섬광을 보았다. 그 순간 화로에 닿은 듯한 열기를 느꼈다. 그 열기에 그와 소는 화상을 입었다. 뒤이어 불덩이가 비처럼 쏟아져 내렸고, 그중 하나가 그의 발등에 떨어졌다. 불덩이는 흰 연기를 내뿜다가 꺼졌지만, 촛불을 끌 때 나는 것과 비슷한 불쾌한 냄새가 났다. 이 불덩이들로 사방에 불이 났다.

　대학의 건물들은 원자폭탄의 폭발 지점에서 가깝게는 300미터, 멀게는 700미터 내에 있었다. 폭발 중심지에 있다고 봐도 무방했다. 특히 기초의학과 건물은 폭발 지점과 가까웠고 목조 건물이어서 순식간에 짓눌리고 날아가고 불타버려 그 안에 있던 교수와 학생들도 모두 죽었다. 임상의학과 건물은 폭발 지점에서 조금 떨어져 있었고 콘크리트여서 운 좋게 살아남은 사람이 몇 명 있었다.

　11시를 조금 지난 시각이었다. 나는 병원 본관 외래진료실 2층 연구실에서 학생들의 외래 환자 진료 지도를 위해 엑스레이 필름을 추리고 있었다. 갑자기 눈앞이 번쩍였다. 폭탄이 병원 앞에 떨어졌다. 그 즉시 엎드리려 했다. 그때 이미 창문은 모두 깨졌고, 맹렬한 폭풍이 내 몸을 공중으로 날려버렸다. 나는 눈을 크게 뜬 채 힘없이 날려갔다.

유리창 파편들이 폭풍에 휩쓸린 나뭇잎처럼 덮쳐왔다. 피할 틈도 없이 유리창 파편이 내 오른쪽 상반신에 꽂혔다. 오른쪽 눈 위와 귀 부근에서 특히 큰 상처인 듯 뜨끈뜨끈한 피가 목을 타고 흘러내렸다. 통증은 없었다. 보이지 않는 커다란 주먹이 연구실 안을 난폭하게 휘둘러댔다. 침대도, 의자도, 책장도, 철모도, 신발도, 옷도 부서지고 날아가고 뒤섞이고 덜컹거리는 소리를 내며 바닥에 쓰러진 내 몸을 사납게 덮쳤다. 먼지바람이 콧속으로 파고들어 와 숨이 막혔다.

눈을 크게 뜨고 창밖을 내려다보았다. 밖은 순식간에 어두워졌다. 물소리가 나는 듯했고, 공기는 폭풍우처럼 요동쳤고, 널빤지와 옷, 함석지붕을 비롯해 모든 것이 잿빛 하늘에 빙글빙글 맴돌았다. 서늘한 가을 끝 바람이 스치는 듯 묘한 적막감에 휩싸였다.

'이건 예삿일이 아니야!'

적어도 1톤 정도의 대형 폭탄이 병원 앞에 떨어졌다고 생각했다.

'부상자가 얼마나 될까? 그들을 어디로 옮기고 어떻게 치료

해야 할까?'

　의료진부터 모아야 했다. 하지만 그들도 절반은 무사하지 못할 것이다. 이곳에서 벗어나려 무릎을 움직이고 허리를 펴려고 애써도 몸이 움직이지 않았다. 눈앞이 어두워지더니 아무것도 보이지 않았다. 난감했다. 눈동자에 출혈이라도 생긴 건가 싶었지만 다행히 눈동자는 움직였다.

　눈은 다치지 않았다고 안도하는 순간 깨달았다. 건물이 무너져 생매장된 것이 분명했다. 이보다 더 허무한 죽음이 있을까. 그래도 할 수 있는 데까지 해보자며 잔해더미 밑에서 목숨을 걸고 계속 몸부림쳤다. 몸의 어느 부분을 지렛대 삼아 어떻게 움직여야 할지 생각조차 할 수 없었다. 얼굴도 움직일 수 없었다. 사방이 온통 유리 파편으로 뒤덮여 있었다. 칠흑 같은 어둠 속에서 내 몸 위에 어떤 물건이 어떤 식으로 쌓여 있는지조차 알 수 없었다. 오른쪽 어깨를 살짝 움직였더니 무엇인가 덜컹거리며 무너졌다.

　"사람 살려요! 아무도 없어요?"

　힘을 내어 불러도 그 소리는 이내 어둠 속에 묻혀버렸다.

　옆방 엑스레이 촬영실에는 하시모토 간호사가 있었다. 운 좋게 책장 사이에 있어서 전혀 다치지 않았다. 모든 물건이

마법에 걸려 생명을 얻은 것처럼 덜컹거리며 이리저리 날뛰는 무서운 시간을 벽에 바짝 달라붙어 숨죽은 채 견디고 있었다. 사방이 숨이 막히도록 흙먼지로 자욱했고, 큼지막한 물건들은 이미 바닥에 떨어진 듯했다.

'사람들을 구조해야 해.'

무너진 책장 사이에서 기어 나왔다. 모든 것이 엉망진창이었다. 잔해더미를 밟고 넘어 창가로 가자마자 더 큰 충격에 휩싸였다.

'이게 대체 어떻게 된 거야?'

바로 전까지 보라색 물결이던 마을이 온데간데없이 사라졌다. 흰 연기를 내뿜던 공장조차 보이지 않았다. 푸른 잎들을 자랑하던 이나사 산은 검붉은 바위산으로 바뀌었다. 푸르름을 품고 있던 나뭇잎과 풀잎들은 남김없이 모습을 감추었다. 온 세상이 벌거벗겨졌다.

'병원 현관 앞에 모여 있던 사람들은?'

병원 광장에는 크고 작은 나무들이 쓰러져 있었고 수많은 시신이 뒤엉켜 있었다. 하시모토는 자신도 모르게 두 손으로 눈을 가렸다.

'지옥이야. 이건…… 지옥이야.'

신음 소리조차 들리지 않는 지옥이었다. 눈을 가리고 있는 동안 주변은 암흑에 휩싸였다. 눈을 뜨고 고개를 돌려 봐도 물소리 하나 없고, 아무것도 보이지 않는 암흑이었다. 이 세상에 혼자 살아남았다고 생각하자 등골이 오싹해지고 다리가 풀렸다.

'머지않아 죽음의 신이 내 목덜미를 움켜쥘 거야.'

고향 집이 어른거렸다. 어머니의 얼굴이 보였다. 울음이 터져 나올 것 같았다. 아직 17살 소녀였다. 그때 외치는 소리가 들려왔다.

"아무도 없어요?"

발밑인 듯했고, 벽을 사이에 둔 저편인 듯하기도 했다.

"사람 살려요! 아무도 없어요?"

다시 소리가 들렸다. 나가이 교수님의 목소리였다.

'주임교수님이 살아 계셔! 함께 살아남는다면 저 많은 시신도 수습할 수 있을 거야.'

그렇게 그녀는 울먹이던 어린 소녀에서 용감한 간호사로 변신했다.

목소리를 따라 옆방으로 가려 했지만, 엑스레이 촬영대와 전류 코드들이 어둠 속에서 길을 막아 발걸음을 옮길 수 없었다. 더듬거리며 삽이 놓여 있던 구석으로 가보았지만 어디로 날아갔는지 삽은 없고 그 대신 메가폰이 손에 닿았다. 아래층 영상 판독실에 곡괭이가 있고 간호사들도 있다는 사실을 떠올리며, 모두의 도움을 받는 편이 낫다고 판단해 촬영실을 나왔다.

매일 밤 등화관제 덕분에 익숙한 복도에서 두세 걸음 걷다가 무엇인가 축 늘어진 물체에 발이 걸려 넘어질 뻔했다. 쪼그려 앉아 만져 보니 사람이었다. 손바닥에 끈적끈적한 액체가 묻었다. 손목을 짚어 보니 맥박이 잡히지 않았다.

'불쌍하게도……'

두 손을 모아 기도한 후 두세 걸음 걷다가 다시 시신에 걸려 넘어졌다. 축축한 머리카락이 손에 달라붙었다. 주위는 여전히 칠흑같이 어두웠다.

'이 어둠 속에 도대체 몇 명이나 죽어 있는 걸까?'

맥을 짚어가며 보이지 않는 눈을 크게 뜨고 주위를 둘러보았다.

갑자기 주변이 펑 하고 밝아졌다. 밖에서 불이 붙기 시작했다. 그 불꽃은 점점 더 커졌다. 그 불빛에 비친 눈앞의 광경에 자신도 모르게 시신의 손목을 놓고 벌떡 일어났다. 붉은 역광이 드리워진 넓은 병원 복도에 사람들이 끝없이 쓰러져 있었다. 엎드려 있는 사람, 옆으로 누워 있거나 위를 보고 누운 사람, 무릎이 굽힌 사람, 허공으로 손을 뻗은 채 신음하는 사람, 일어서려고 몸부림치는 사람도 있었다. 혼자서는 구할 수 없었다.

'구호대가 필요해. 그러려면 먼저 나가이 교수님이 갇혀 있는 곳으로 사람들을 모아야 해.'

"미안해요, 미안합니다……."

그녀는 떨어지지 않는 걸음을 옮겨 시신을 뛰어넘어 계단을 내려갔다.

엑스레이 투시대를 조립하던 그들은 윙 하는 묘하게 날카로운 폭발음을 들었다.

"저 소리는 뭐죠?"

간호과 학생 츠바키야마가 물었다.

"B29 폭격기 소리야."

시로 기사가 펜치를 움직이면서 말했다.

"아니야, 폭탄이야! 폭탄이 떨어졌어!"

얼마 전 폭격으로 허벅지를 다친 선배 기사 조로가 말했다.

"숨을까요?"

"숨어!"

"간호부장님, 대피! 대피!"

세 사람은 큰 탁자 밑으로 들어갔다. 순간 쾅, 쾅 하고 굉음이 들려왔다.

"또 떨어졌어요!"

시로의 목소리는 실내를 휘젓는 폭풍 속에 묻혀버렸다. 폭풍이 가라앉을 때까지 모두 꼼짝하지 않고 기다렸다. 츠바키야마가 숨을 쉬지 않았다.

"학생, 다쳤어?"

"아니요, 그쪽은?"

"다행히."

"간호부장님!"

츠바키야마가 큰 소리로 불렀다.

"네."

바로 옆방에서 평소처럼 밝은 목소리가 돌아왔다.

"잠깐만 기다려 주세요. 뭔가가 제 위에 올라타고 있어요."

뒤이어 기차가 터널에 진입할 때처럼 주변이 우르릉거리며 캄캄해졌다. 츠바키야마의 하얀 얼굴이 순식간에 사라졌다.

"대체 무슨 일이지?"

조로의 목소리였다.

"신형 폭탄이 분명해. 히로시마에 떨어졌던 거……."

시로가 대답했다.

"태양이 폭발한 게 아닐까?"

조로가 대꾸했다.

"그럴지도 몰라요. 갑자기 기온이 떨어진 것 같네요."

시로가 잠시 생각한 후 말했다.

"태양이 폭발하면 세상은 어떻게 되나요?"

츠바키야마가 떨리는 목소리로 물었다.

"지구도 끝이겠지."

조로가 무덤덤하게 대답했다. 모두 묵묵히 기다리고 있지만 주위는 여전히 밝아지지 않았다. 1분이 지났다. 어둠 속에서 시계의 초침 소리가 선명하게 들렸다.

"그럼 우리 점심은 어떻게 하죠?"

시로가 물었다.

"난 아까 먹었는데, 네 도시락은?"

조로가 이 세상의 마지막 식사를 하고 싶은 듯 말했다.

"죽기 전에 나눠 먹자."

그 순간 기차가 터널을 빠져나올 때처럼 주위가 조용해지면서 밝아지기 시작했다. 조로의 하얀 이가 보였고, 시로의 기다란 코가 보였고, 츠바키야마의 조그마한 보조개도 보이기 시작했다.

"태양은 무사한가 봐요."

시로가 안심하듯 말했다.

"하지만 도시락은 나눠 줘."

조로가 장난스럽게 대꾸했다.

세 사람은 비좁은 탁자 밑에서 빠져나와 유리와 기계 파편, 부서진 의자, 전선이 뒤엉킨 실내를 둘러보았다.

"도대체 어디로 떨어진 걸까요? 이렇게 부수려면 명중해야 하는데 천장에 구멍도 없어요."

"폭탄이 떨어지는 소리 들었어?"

"아니 듣지 못했어요."

"그럼…… 공중 폭뢰일까?"

"엄청난 놈인 건 분명해요."

그때 옆방에 있던 히사마츠 간호부장이 나타나 흐트러진 머리카락을 두 손으로 쓸어내리며 물었다.

"다들 괜찮아요?"

뒤따라온 간호과 1학년 학생이 간호부장의 허리에 매달려 울음을 터뜨렸다.

"바보처럼 왜 울어. 이렇게 살아 있는데."

1학년생은 계속해서 흐느꼈다. 바로 곁에서 친구가 죽은 모양이었다.

“자, 두건 쓰고 구급상자를 찾아봐요.”

간호부장은 터진 수도관에 가서 양손과 얼굴을 씻고 양치질했다.

“가스를 마신 것 같은 기분이 들어.”

폐 깊숙이까지 씻어내려는 듯한 기세로 네다섯 번이나 입을 헹궜다.

“츠바키야마 씨도 와서 씻어요. 그렇게 흙투성이인 채 거즈를 다루면 상처가 바로 곪아요. 시로 기사님도 어서 씻으세요. 조로 기사님, 얼른 준비해주세요. 부상자가 상당한 것 같아요.”

간호부장이 손의 물기를 닦으며 말했다.

간호부장의 말에 시로 기사는 “네.”라고 대답했고, 조로 기사는 “어이.”라고 대답하며 준비를 서둘렀다.

밖에서 타닥타닥하는 소리가 들렸다. 창가로 달려간 츠바키야마가 하고 외쳤다.

“불이야! 불이야!”

사람들은 굴러다니던 양동이를 집어 들자마자 수도가 있는 곳으로 앞다퉈 달려갔다. 광장은 불길이 높지는 않아도 온통 불바다였다. 다들 방공 훈련 때 익힌 대로 가장자리부터 물을 끼얹기 시작했다. 하지만 불길은 광장뿐만이 아니었다. 병원 복도는 완전히 날아가 흔적이 없었고, 식당도 무너져 온통 불길이 치솟았다. 남아 있는 것은 여기저기 흩어진 콘크리트 병동뿐이었다. 목조 건물은 모두 사라지고 그 자리에 불길이 치솟고 있었다. 한참 동안 물을 뿌려도 불이 꺼지는 면적보다 번지는 속도가 더 빨랐다. 양동이로 물을 붓는 것으로는 감당할 수 없었다.

"장비를 꺼내자!"

시로가 말했다.

"부상자부터 치료하자!"

조로가 말했다.

"입원 환자를 대피시켜요."

츠바키야마가 말했다.

불길은 검은 연기를 내뿜으며 큰불이 될 기세였다.

"주임교수님의 지휘를 받는 게 좋겠어."

간호부장이 말했다.

그때 하시모토가 나타났다.

"주임교수님이 지금 산 채로 묻혀 있어요."

모두 놀라 서로의 얼굴만 바라보았다.

"그렇게 몸집이 큰 분을 어떻게 구하지?"

작은 체구의 츠바키야마가 중얼거렸다.

"괜찮아, 할 수 있어."

조로는 그렇게 말하면서 뛰어갔다. 하시모토 뒤를 따라 다들 쓰러진 나무와 책상을 넘고, 서로 손을 잡고 끌어주며 촬영실로 달려갔다. 원래 있던 통로는 무너지고 막혀 지나갈 수 없었다. 대신 창문을 뛰어넘고 파이프를 매달려 잡고 돌아가며 교수님을 구출하러 갔다. 약국의 높은 창문을 넘으려면 인간 사다리를 만들어야 했다. 조로가 가스계량기를 붙잡고 받침대가 되어주었으며, 그 위에 시로가 올라탔다. 그의 무릎과 등, 어깨를 타고 간호부장과 하시모토, 츠바키야마가 기어올라 높은 창문을 넘었다. 그다음에는 시로가 창틀로 뛰어올랐고, 마지막으로 모두가 조로의 새우 수염 같은 양팔을 잡아당기자 조로는 평소 습관처럼 "어이쿠." 하며 뛰어올랐다.

"수상한 비행기가 머리 위로 침입했다! 대피, 대피!"

그때 시 교수는 현상실에 있었다. 폐 엑스레이 사진을 현상 탱크에서 꺼내려던 교수는 뒷산에 서 있던 대공 감시 학생이 외치는 소리를 들었다. 그다음으로 묘하게 날카로운 폭발음을 들었다. 급강하 폭격이라고 생각한 교수는 사진이 망가지지 않도록 재빨리 물로 씻어 정착 탱크에 조심스럽게 넣은 다음 그 자리에 엎드렸다. 그 순간 쿵 하고 무엇인가가 몸을 짓눌렀고 그와 동시에 정신을 잃었다. 정신을 차렸을 때는 가슴이 목재에 눌린 채 바닥에 쓰러져 있었다. 다행히 허리와 두 팔을 움직일 수 있었다. 몸 위에 쌓인 목재를 차례차례 치운 후 정착 탱크 안의 사진이 무사한지 둘러보았다. 안경은 보이지 않고, 주변은 모두 초점이 흐릿했다.

'옆에서 같이 일하던 모리우치 학생은?'

몇 번이나 불러도 대답이 없었다. 주변의 목재 밑을 살펴봐도 손도 발도 보이지 않았다.

'무사히 빠져나왔겠지.'

잔해더미를 넘어 복도로 나간 교수는 깜짝 놀랐다. 생전 처음 와본 곳 같았다. 모든 것이 달라져 있었다. 안경이 없어져서 그런가 하고 두세 번 눈을 비비며 둘러보았다.

지금까지는 콘크리트 건물 안에 있어서 방사선에 노출되지 않은 행운아들의 이야기였다. 건물 밖에 있었던 사람들은 어떻게 되었을까?

세이키 교수는 학생들과 함께 약학 건물 뒤편에서 방공호를 파고 있었다. 교수가 안에서 흙을 퍼내고 학생들은 그 흙을 밖으로 옮기는 중이었다. 바로 그 순간 구덩이 밖에 있던 사람들과 구덩이 안에 있던 사람들의 생사가 나뉘리라 누가 짐작이라도 했을까. 모두 속옷 차림으로 흙과 맞서고 있었다. 그곳은 폭발 중으로부터 불과 400미터 떨어진 곳이었다.

방공호 안쪽에 있던 흙이 빛났다. 그리고 땅이 크게 울렸다. 방공호 입구에서 대나무 소쿠리를 들고 있던 도미타가 방공호 안쪽으로 날아가, 쭈그리고 앉아 괭이를 휘두르던 세이키 교수의 등에 세게 부딪혔다.

"뭐야? 무슨 일이야!"

세이키 교수는 놀라서 소리치며 돌아섰다. 도미타 뒤에서 나뭇조각과 천 조각, 기와들이 정신없이 밀려왔다. 그때 커다란 각재가 그의 등에 몰려왔고, 교수는 그대로 흙 위에 쓰러졌다.

몇 분이 지난 듯했다. 그는 불길과 연기가 소용돌이치는 방공호 안에서 정신이 들었다. 뜨거운 공기가 방공호 안으로 빨려들어 왔다. 그는 비틀거리는 다리를 이끌고 죽을힘을 다해 그 불길을 뚫고 나갔다. 방공호 입구에 도착해 간신히 안도의 한숨을 쉬는 순간 아까부터 쥐고 있던 괭이가 손에서 떨어지는 것도 모른 채 그 자리에 멍하니 섰다.

약학과의 커다란 건물이 사라졌다. 생화학 건물도, 약리학과 건물도 사라졌다. 학교 담장도, 담장 밖의 주택들도 없다. 모든 것이 사라졌고, 그 자리에 온통 불바다다.

원자물리학을 전공한 그조차 그 순간에 원자폭탄을 떠올리지 못했다. 미국의 과학자들이 거기까지 이르렀으리라고는 상상도 하지 못했다.

'학생들은?'

그는 발밑으로 시선을 돌리자마자 갑자기 얼음물을 뒤집어쓴 듯 온몸이 얼어붙었다.

'물건처럼 굴러다니는 이것들이 내 학생들이라고? 그럴 리 없어. 난 아까 방공호에서 쓰러진 뒤로 아직 의식을 회복하지 못한 상태인데…… 이건 꿈이야, 악몽이야. 아무리 전쟁이라고 해도 이런 일이 있을 수는 없어.'

그는 허벅지를 꼬집었다. 자기 맥도 짚어 보았다. 꿈이 아니었다.

'지금 이 상황이 악몽이 아니라면 뭐가 악몽일까?'

그 어떤 악몽보다 더한 악몽이 틀림없었다.

세이키 교수는 눈앞에 보이는 검게 탄 사람에게 다가갔다.

"이봐, 이봐!"

대답이 없다. 양쪽 어깨를 붙잡고 일으키려고 하자 피부가 힘없이 벗겨졌다. 오카모토는 죽어 있었다. 그 옆에 있던 사람이 신음하며 몸을 뒤집었다.

"무라야마, 무라야마! 정신 차려!"

세이키 교수는 피부가 너덜너덜하게 벗겨진 학생을 무릎에 안았다.

"교수님, 교수님……."

　무라야마는 그렇게 말한 채 축 늘어졌다. 깊은 한숨을 내쉰 세이키 교수는 차가워져 가는 무라야마의 벌거벗은 몸을 땅에 눕히고 기도한 뒤 아라키에게 다가갔다. 아라키는 얼굴이 늙은 호박처럼 부풀어 올랐고 여기저기 피부가 벗겨진 얼굴 속에 가늘고 하얀 눈을 뜬 채 조용히 말했다.

　“저는…… 안 될 것 같습니다……. 그동안 감사했습니다…….”

　귀와 코에서 피가 흘러나온 시신도 있었다. 머리뼈를 다쳐서 즉사한 듯했다. 강한 힘이 땅에 내동댕이친 것 같았다. 입에서 피거품을 내뿜는 사람도 있었다. 도미타는 부상자 사이를 오가며 물을 먹이고 말을 걸었다. 자기 힘으로 움직일 수 있는 사람은 단 한 명도 없었다. 신음하는 학생을 발견하고 다가가자 갑자기 조용해지더니 흰자위가 뒤집혔다. 그렇게 20여 명이 차례로 숨을 거두었다. 둘이서는 도저히 감당할 수 없는 일이었다.

　“여기! 누가 좀 도와줘요!”

　세이키 교수는 누군가 도와주지 않을까 싶어 사방으로 소리치고 나서 가만히 귀를 기울였다. 대기는 아직 불안정한지 돌풍이 여기저기에서 휘몰아쳤다. 그 바람 소리 사이로 무너진 지붕 아래에서 힘겹게 도움을 요청하는 소리가 들려왔다.

　“도와주세요……, 살려주세요…….”

"너무 아파요……."

"저 좀 도와주세요……."

"뜨거워……, 타는 것 같아……. 물 좀 뿌려줘……."

"엄마! 엄마!"

세이키 교수는 현기증을 느끼고 다시 쓰러졌다. 잠시 후 눈을 뜨자 짙은 구름이 하늘을 가득 덮었고 빛을 잃은 태양은 원반처럼 보였다. 주변은 해 질 녘처럼 어스름했고 오싹할 정도로 추웠다. 귀를 기울여 들어보니 도움을 요청하던 목소리 중 몇몇이 잦아들었고, 엄마를 부르던 아이의 목소리도 들리지 않았다. 이미 불에 타 죽은 듯했다.

1학년 학생들은 조용히 노트에 필기하고 있었다. 아직 귀에 익지 않은 라틴어로 해부학 강의를 듣는 자신이 어쩐지 의사가 된 것 같았다. 자기가 필기한 외래어를 자랑스럽게 바라보며 교수의 말을 따라 펜을 움직였다. 그 순간 갑자기 섬광이 빛나더니 모든 것이 무너졌다. 교수가 강의를 멈추기도 전이었다. 고개를 들어 주변을 둘러볼 틈도 없었다. 자리에 앉아 있는 채로 무너진 지붕 아래에 묻혀버렸다.

후지모토 조장의 허리는 대들보 같은 것에 끼어 있었다. 주위는 암흑이었다. 흙먼지를 들이마신 탓에 숨이 막혀 연신 기침이 나왔다. 후지모토는 책상과 책상 사이의 좁은 공간에서 겨우 숨을 쉬고 있었다. 바로 옆에서 고통스러운 신음이 들려왔다. 도와달라고 애원하는 소리도 들렸다. 목소리를 세어보니 살아남은 사람은 없는 듯했다.

그러는 동안 목재 사이의 좁은 틈으로 무엇인가 타는 냄새가 스며들었다. 곧이어 뜨겁고 따가운 연기가 흘러들어 왔다. 불이 붙기 시작한 듯했다. 망설일 수 없었다. 위로 빠져나가려고 밀어도 대들보와 서까래, 기와, 흙이 쌓여 있어서 꿈쩍도 하지 않았다. 타닥타닥, 가까운 곳에서 불타는 소리가 났다. 생사의 갈림길이란 바로 이런 순간을 말하는 걸까? 밀고 두드리고 온몸의 힘을 다해 뻗었지만 꿈쩍도 하지 않았다. 배운 지식을 동원해 역학을 따지거나 중력을 계산해보았지만 헛일이었다. 잡동사니 사이로 들어오는 공기는 점점 뜨거워졌고, 어디선가 새빨간 불꽃이 새어 비쳤다.

"바다로 가리라, 바다 저 멀리 가리라."

누군가 결의에 찬 노래를 부르기 시작했다. 그는 그대로 누워 친구의 마지막 노래에 귀를 기울였다.

"돌아보지 않으리라, 돌아보지 않으리라."

노래가 끝났다.

"여러분, 안녕……. 나는 다리가 불타고 있어."

‘조금만 더 있으면 내 몸에도 불이 붙겠지.’

후지모토는 자신의 운명을 깨달았다. 가만히 기도하자 아버지 얼굴이 떠올랐다.

“아등바등하지 말거라.”

어머니의 미소 짓는 얼굴이 보였다. 동생도 떠올렸다.

‘나 대신 마사오가 의사가 되어 주겠지.’

방사선과 동료들을 하나둘 떠올렸다.

‘함께 입학시험을 치르고 합격해서 좋아하던 타코는 어떻게 되었을까?’

방사선과 동료들과 아침저녁으로 주고받던 짧은 대화가 차례차례 떠올랐다.

‘서두르지 말자. 이 좁은 공간에 갇힌 채 저항할 수 없이 불태워지고, 숯이 되고, 재가 될 텐데 서두른들 무슨 소용이 있겠는가. 육체는 여기서 재가 되어도 영혼은 끝없는 우주를 돌아다닐 것이다. 이제 얼마 뒤면 내 영혼은 자유다.’

살이 타는 냄새가 났다.

‘인생에서 가장 중요한 것은 오직 지금뿐이다.’

문득 웃음이 터져 나왔다.

‘아무리 해도 문제가 풀리지 않는다면, 그때는 정반대를 생각해보게.’

시험공부를 할 때 시 교수님이 해주신 말씀이 떠올랐다.

'정반대의 것을……. 맞아, 그거구나.'

후지모토는 혹시나 하는 마음으로 마룻바닥을 만져 보았다. 널빤지 이음새에 손가락 끝이 걸렸다. 힘을 주어 잡아당기자 툭 하고 벌어졌다. 폭풍으로 바닥이 흔들린 탓에 못이 느슨해진 것이다. 널빤지를 힘껏 들어 올리자 기분 좋은 소리를 내며 널빤지가 뜯어졌고, 구원의 손길처럼 찬바람이 밀려왔다. 널빤지를 두세 장 뜯어내자 몸이 마루 밑으로 굴러떨어졌다.

세균학 교실에서는 정류장에서 표를 사 온 야마다 교수와 츠지타 학생이 뒤쪽 창문을 열어둔 채 바람을 들이마시고 있었다. 두 사람은 혈청 제조법을 배우러 도쿄의 전염병 연구소로 출장 가려는 참이었다. 전시 상황에 나가사키가 고립될 경우를 대비해 서둘러야 했다. 남자들이 대부분 전장에 나가 있는 탓에 학교에 남은 이 두 젊은 여성 과학자가 앞으로 큰 책임을 떠맡아야 했다.

테니스코트에는 잡초가 무성했다. 스포츠를 즐기는 여유 따위는 잊힌 지 오래였고, 모든 것은 전쟁뿐이었다. 테니스코트 건너편에는 쑥쑥 자란 녹나무와 소나무 숲이 있었고, 그

사이로 지금은 식량 증산을 위해 감자밭으로 바뀐 운동장이
보였으며, 그 위에 크고 빨간 성당이 우뚝 서 있었다.

그때 테니스코트를 가로질러 오며 이쪽으로 손을 흔드는
두 사람이 보였다. 방사선과 간호사인 하마와 고나야기였다.
예전에 방사선과에서 기술원으로 일했던 츠지타의 얼굴을
창문 너머로 보고 인사를 보낸 것이다. 츠지타가 재빨리 일어
나 손수건을 흔들었다. 운동장 감자밭에는 방사선과의 야마
시타와 요시다, 이노우에가 풀을 뽑고 있었다. 우라카미 언덕
계단밭에는 공습이 없는 틈을 이용해 김매는 농부들이 곳곳
에 보였다. 성당에는 미사를 드리기 위해 신자들이 드나들고
있었다. 길에는 여기저기 양산이 반짝였다.

“나가사키는 언제 봐도 아름다워.”

“두 달 뒤 우리가 도쿄에서 돌아올 때도 여전히 이 모습이
겠죠?”

“난 왠지 나가사키가 변할 것 같은 기분이 들어.”

“그래도 나가사키만은 그대로였으면 좋겠어요.”

그때 쾅 하는 소리가 났다.

야마다 교수는 간신히 마루 밑에서 빠져나와 목숨을 건졌
다. 옆에 매몰된 츠지타는 “너무 아퍼, 너무 아퍼.” 몇 마디 말
하다가 숨이 멎었다. 세균학과 건물은 순식간에 불덩이가 되

었다. 그 건물에서 탈출한 사람은 야마다 교수 혼자였다. 나이토 교수를 비롯한 전원이 즉사한 것으로 보였다.

건물 밖으로 나와 보니 주위는 어스름했고 바람이 쉴 새 없이 하늘을 울리고 있었다. 주위를 둘러보니 소나무와 녹나무들은 뿌리째 쓸려나갔고, 주변 건물과 강당은 모두 무너졌다. 건너편 성당은 높이 50미터나 되던 종탑이 보이지 않았고 성당 전체 중 3분의 1만 겨우 남아 폐허를 보는 듯했다. 돌담에 거꾸로 매달려 있는 사람, 도로에 아무렇게나 쓰러져 있는 사람, 밭에도 셀 수 없을 만큼 시신이 널려 있었다. 운동장에 있던 간호사들은 제각기 쓰러진 채 꿈쩍도 하지 않았다. 건물 밖에 있던 사람들은 전부 즉사했다.

야마다 교수는 큰 상처를 입지 않았음에도 불구하고 이상하게 너댓 걸음 걷다가 무릎이 힘없이 꺾였다. 이제 어찌 되든 상관없다는 심정으로 함석 위에 누웠다. 옆에는 독일어 세균학 교과서가 떨어져 있었다. 이제 이런 학문도 소용없겠구나 싶어 그 책을 베개 삼았다. 그곳에서 불안한 꿈과 고통스러운 현실 사이를 오가며 구원의 손길이 다가오기를 헛되이 기다렸다.

어둠 속에서도 꽃은 피고

1945년 8월 9일 오전 11시 2분, 우라카미 중심부인 마츠야마 상공 550미터 지점에서 한 발의 플루토늄 원자폭탄이 터졌다. 초속 2천 미터의 풍압과 맞먹는 거대한 에너지는 순식간에 지상의 모든 것을 부수고, 산산조각 내고, 날려버렸다. 이어 폭발 지점에서 발생한 진공이 이 모든 것을 다시 공중 높이 빨아올려 내던졌으며, 섭씨 9천 도의 고열이 모든 것을 태워버렸고, 원자폭탄의 파편은 불덩이가 되어 비처럼 쏟아져 사방을 불바다로 만들었다. 약 3만 명이 목숨을 잃은 것으로 추정되고, 10여만 명이 중경상을 입었을 것이다. 방사선으로 인한 원자병 환자까지 포함한다면 셀 수도 없다.

공중에서 발생한 폭탄 연기와 흙먼지가 일시적으로 태양광선을 전부 차단한 탓에 지상은 일식 때처럼 어둠에 휩싸였고, 몇 분 지나지 않아 연기가 퍼져나가면서 밀도가 낮아져 다시 태양의 빛과 열기가 조금이나마 통과되었다.

내가 잔해더미에서 겨우 빠져나와 촬영실에 가자 시 교수가 반갑게 얼굴을 내밀었고, 하시모토와 간호부장 일행이 달려왔다.

"다행이에요!"

나는 한 사람 한 사람의 얼굴을 들여다보았다.

'소중한 생명이다. 살아남아 다행이다. 그런데 야마시타 간호사는? 이노우에 간호사는? 우메즈 학생은?'

"다른 사람들을 찾아보고 5분 후에 여기에 집합!"

일행은 재빨리 각 방으로 흩어져 갔다.

"여기 사람 있어요?"

시 교수와 시로는 현상실에서 잔해를 끌어올리고 바닥을 들여다보며 큰 소리로 외치고 나서 귀를 기울였다. 반응은 없었다. 시로가 울부짖듯 소리쳤다.

"모리우치! 정말 죽은 거야?"

조로가 방사선 치료실 기계 틈에서 중상을 입은 우메즈를 구해냈다. 피투성이인 우메즈는 기진맥진해서 복도에 털썩 주저앉았다.

"눈이 없어."

"무슨 소리야? 눈이 있잖아."

조로가 우메즈의 상처를 살폈다. 눈 위가 크게 찢어졌고, 그 외 크고 작은 상처가 온몸에 가득했다.

"괜찮아요, 괜찮아."

간호부장이 다독이면서 능숙한 솜씨로 소독약을 바르고 거즈를 댄 뒤 붕대를 감았다. 나는 우메즈의 맥을 짚고, 계속해서 치료 지시를 내렸다.

"의사 선생님, 살려주세요."

"약 좀 주세요."

"상처 좀 봐주세요."

"너무 추워요. 입을 것 좀 주세요."

내 주변으로 벌거벗은 형체들이 기이한 모습으로 몰려들었다. 폭풍에 내던졌다가 간신히 살아남은 환자들이었다. 원자폭탄이 터졌을 때 병원은 외래진료 중이어서 복도와 건물 안에 쓰러져 있는 환자 수가 어마어마했다. 그들은 하나같이 옷이 날아갔고, 피부가 벗겨졌고, 유리에 베였으며, 온몸이 흙먼지에 뒤덮여 잿빛이었다. 도저히 이 세상 사람이 아닌 듯했다. 시신들 사이를 비집고 기어올라 내 발목을 붙잡고 울부짖

기도 했다. 도와달라며 핏물에 흠뻑 젖은 손을 내미는 사람도 있었다. 엄마를 부르며 우는 아이, 아이 이름을 부르며 몸부림치는 어머니, 출구가 어디냐며 소리치면서 달려가는 남자, "들것! 들것!"을 외치며 우왕좌왕하는 학생들.

주위는 점점 더 소란스러워졌다.

우리는 그 자리에서 즉시 치료를 시작했다. 붕대도 모자라 셔츠를 찢어 상처에 감았다. 서둘러 10명, 20명 치료해도 도와달라고 외치는 이들은 끝이 없었다. 나는 한 손으로 내 상처를 누르면서 환자를 돌봐야 했다. 내 상처보다 환자들의 치료가 우선이었다. 하지만 그것이 화근이었다. 손을 떼자마자 상처에서 피가 솟구쳐 주변의 벽은 물론 간호부장의 어깨까지 시뻘겋게 물들였다. 관자놀이의 동맥이 끊어진 것이다. 이 동맥은 가늘어 3시간 정도는 버틸 수 있겠다고 계산한 나는 중간중간 내 맥박을 확인하면서 환자의 치료를 이어갔다.

동료들을 찾으러 갔던 하시모토 간호사와 츠바키야마 간호사가 돌아왔다.

"없어요. 운동장에 있는 밭에 간 것 같아요. 그곳에 가려고 했지만 쓰러진 나무와 불길과 시신들 때문에 지나갈 수가 없어요. 기초의학 건물은 아예 보이지도 않아요. 온통 불바다예요. 병원 중앙은 큰불이 나서 뒷문과 연락이 끊겼어요. 부상자 수도 짐작조차 할 수 없어요.”

야마시타, 이노우에, 하마, 고나야기, 요시다 간호사의 얼굴이 차례차례 머리에 떠올랐다. 죽었을까, 아니면 지금 숨이 끊어지는 중일까? 이 환자들처럼 몸부림치고 있을까, 아니면 무사히 대피했을까? 살아만 있다면 반드시 여기로 돌아올 것이다.

지금 상황은 전쟁 중이라고 해도 상식적이지 않다. 예상조차 하지 못한 대규모 참사다. 이번 공습은 역사적인 사건으로 기록될 것이다. 마음을 차분하게 가다듬고 대응해야 한다. 나는 촬영실 바닥에 털썩 주저앉았다. 시 교수와 간호부장이 내 상처에 약을 바르고 거즈를 눌러 넣어 지혈했고 그 위에 붕대로 단단히 묶어주었다. 하지만 동맥 출혈이라 붕대는 순식간에 새빨갛게 물들었고, 그 피가 턱을 타고 떨어졌다.

“다들 장비를 점검해줘.”

일행은 다시 각 방으로 흩어졌다. 혼자 남은 나는 가만히 생각했다. 여기는 정말 핏물이 강을 이루는 전쟁터다. 우리는 구호대이며, 활약은 이제부터다. 반드시 버텨내야 한다. 적은 계속해서 이런 폭탄을 떨어뜨릴 것이다. 그리고 일주일 이내에 상륙전을 전개할 것이다. 허둥대면 끝장이다. 혼란에 빠지면 아무것도 할 수 없다. 대원을 결집하고, 구호대를 편성하고, 의료물자를 확보하고, 식량을 조달하고, 야영 준비까지 마쳐야 한다. 그리고 연락망을 만들고 야전 병원의 위치도 선정해야 한다. 조만간 이곳은 표적이 될 것이다. 환자를 최대한 빨리 근처 골짜기로 옮겨야 한다.

어느 창문으로 봐도 불길이었다. 주위는 화염에 휩싸였다. 이 건물에도 불이 옮겨붙었는지 타닥타닥 소리가 들리기 시작했다. 장비를 점검하러 갔던 동료들이 차례차례 돌아왔다.

"모든 게 엉망진창입니다."

"엑스선관은 전부 파손되었습니다."

"케이블은 끊어졌고, 변압기는 통로를 막혀 꺼낼 수가 없습니다."

"표본은 날아가서 손도 대지 못합니다."

모두 참혹한 보고였다.

다들 내가 입을 열기를 기다리며 가만히 나를 바라보았다. 다른 과 교수와 간호사, 학생들이 피투성이가 되어 두세 명씩 손을 잡고 말없이 옆을 지나갔다. 굉음과 불꽃 소리가 들리고 창문으로 불똥이 날아들었다. 어떻게 해야 할까? 나도 모두의 얼굴을 둘러볼 뿐이다. 이런 때일수록 허둥대서는 안 된다. 그렇다고 아무렇지도 않은 척 가만히 있으면 불에 타 죽는다. 그렇게 생각하니 나도 모르게 히죽 웃음이 나왔다. 갑작스러운 웃음에 다들 덩달아 웃음을 터뜨렸다. 모두 함께 소리 내어 한참을 웃었다.

"꼴들 좀 봐. 이래서 전쟁터에 나갈 수 있겠어? 자, 제대로 차려입고 현관 앞으로 모여. 도시락 잊지 말고. 배고프면 싸울 수 없으니까."

"아자! 아자!"

모두 힘찬 구호를 외치고 각자가 맡은 구역으로 돌아갔다. 나는 그들의 뒷모습을 바라보면서 모두가 평정심을 되찾고 있음을 깨달았다.

시 교수가 신발을 구해왔고, 간호부장이 철모와 외투를 찾아 주었다. 나는 천천히 현관 쪽으로 나갔다. 산부인과 앞 복도에서 간호사 한 명이 허공을 응시하며 맴돌고 있었다.

"이봐, 정신 차려!"

등을 세게 쳤지만 눈치채지 못하는 듯 그대로 같은 동작을 반복했다. 충격이 너무 커서 일시적인 정신 이상을 일으킨 듯했다. 현관 앞 주차장에는 엄청난 수의 사상자가 있었다. 게다가 상점가 쪽에서 계속해서 부상자들이 몰려들고 있었다.

병원 각 병동에서도 부상자를 업거나 어깨에 메고 삼삼오오 이곳으로 몰려왔다. 대체 어떻게 대처해야 좋을까? 한 사람 한 사람의 생명은 모두 소중하고 존중받아야 한다. 누구든 자기 몸이 가장 소중하며, 상처는 크든 작든 치료받기를 원하고, 좋은 의사에게 치료받고 싶어 한다. 나는 이들을 치료해야 한다.

하지만 이 엄청난 부상자와 바닥난 약품, 시시각각 다가오는 불길, 부족한 일손으로 무엇을 어떻게 해야 할까? 나는 3명을 치료한 후에야 큰 그림을 봐야 한다고 깨달았다. 내가 잘못 판단하면 애써 치료해준 이들까지 불길 속에 휩쓸릴 수 있다.

피폭 후 20분 만에 우라카미 일대는 불바다가 되었다. 병원도 중앙부터 불이 번지고 있었다. 불길이 보이지 않는 곳은 동쪽의 작은 언덕뿐이었다. 펌프, 양동이, 세숫대야, 움직일 수 있는 사람 등 진화에 필요한 장비는 모두 사라져버렸고, 불길이 번지는 것을 보고만 있을 수밖에 없었다.

상점가에서 살아남은 이들도 방사선에 노출되어 옷이 벗겨진 채 불길을 피해 비틀거리며 언덕으로 올라가고 있다. 아이 둘이 죽은 아버지를 끌고 지나간다. 젊은 여자가 머리가 없는 아기를 끌어안고 달려간다. 노부부가 손을 잡고 헐떡이며 올라간다. 달리던 도중 바지에 불이 붙어 그대로 불덩이가 되어 굴러 내려가는 사람도 있다. 불에 휩싸인 지붕에서 노래를 부르며 춤을 추는 남자가 보인다. 실성한 듯하다. 뒤를 돌아보며 뛰는 사람도 있고, 앞만 보고 내달리는 사람도 있다. 언니는 뒤처지는 동생을 꾸짖고, 동생은 언니에게 천천히 가자고 애원한다. 자매의 바로 등 뒤까지 불길이 다가오고 있다.

불길 속에서 운 좋게 탈출한 사람은 10명 중 1명 정도일 것이다. 나머지는 눈앞에서 무너진 집에 깔린 채로 불길 속에 있다. 바람 방향이 바뀌면서 불길이 더 세차게 울부짖었고, 여기저기에서 구조를 요청하는 목소리가 커지고 있다. 나는 팔짱을 낀 채 굳은 표정으로 서 있었다. 이때만큼 무력감을 느낀 적이 없었다. 눈앞에서 고통스러워하며 죽어가는 사람들을 도울 방법이 정말 없을까?

"교수님, 무슨 생각을 골똘히 하세요?"

의대 3학년인 나가이와 츠츠미가 다가왔다. 방사선과 동료들도 모여들었다. 방공호 안으로 뛰어 들어갔던 모리우치도 무사했다. 그때 누군가 굴러오듯 달려와 간호부장에게 안겼다. 산부인과 엑스레이 기사인 오자사였다. 오자사의 머리카락은 불에 그슬려 구불구불하고 타는 냄새가 났다. 바지도 찢어져 있었다. 불 속에서 간호사 2명을 구해내고 불길을 뚫고 정신없이 이곳으로 달려왔다고 했다. 엑스레이 기술사인 사키타와 가네코만 아직 오지 않았다.

'장비는 잠시 멈추고 사람부터 구한다.'

나는 결심했다. 2명씩 팀을 지어 불타는 병동에서 환자를 구하기로 했다. 오자사와 모리우치는 사키타와 가네코를 찾으러 불길 속으로 들어갔다. 조로는 우메즈를 업고 뒷산으로 올라갔다. 전쟁의 한가운데에 있는 느낌이었다. 우리가 다시 들어간 건물에서는 잔해더미에서 간신히 빠져나온 사람들이 목숨을 걸고 달려 나왔다. 말을 걸어도 대답도 하지 않고 뒤돌아보지도 않았다. 다들 정신이 없으리라. 대학병원을 나가면 대체 어디서 누구에게 치료받으려는 걸까?

"서두르지 마세요!"

나는 한 사람 한 사람에게 소리쳤다. 지하에 있는 수술실에 들어가 보니 수도관이 터져 물바다였다. 옆의 의료품 보관소에 들어가 보니 더 암담했다. 들것이 모두 부서진 채 흩어져 있었다. 수술 장비는 사방에 널브러졌고, 약품과 주사액 용기는 전부 깨져 내용물이 뒤섞여 있었다. 그 위에 수도관에서 나온 물이 쏟아지고 있었다.

'이런 날을 위해서 이 물품을 모아둔 게 아니었나…… 이런

날을 위해서 들것 연습과 응급처치를 반복해서 가르치지 않았나……’

모든 것이 허사였다. 집게발을 잃은 게처럼 우리는 맨손으로 셀 수 없이 많은 부상자 앞에 서야 한다. 완전히 원시 의학이다. 우리가 가진 지식과 사랑, 우리의 실력만으로 생명을 구해야만 한다. 나는 힘없이 계단을 올라 다시 현관 앞 광장에 서서 지휘를 맡기로 했다.

그래도 내 주위에는 의사와 학생, 간호사 등 20여 명이 모여 마지막 구호 작업에 임하고 있다. 2인 1조로 나누어 차례차례 방에 쓰러져 있는 환자들을 맨몸으로 옮겨 구출하고 있다. 구출한 환자들은 모두 현관 옆 석탄 적재장에 눕혔다. 불똥이 떨어지지 않는 곳은 지금 여기뿐이었다. 나는 그 한가운데에 서 있었다. 불길은 점점 더 거세졌고, 하늘은 검은 연기가 소용돌이를 일으켰고, 그 악마 같은 구름도 불빛을 받아 붉게 빛나고 있었다. 불길한 풍경이었다.

“학장님을 구했습니다!”

뒤를 돌아보니 시로가 빨간 봇짐을 업고 현관에 서 있었다. 달려가서 보니 그 봇짐은 츠노 학장님이었다. 머리끝부터 얼굴, 가운, 각반까지 온통 피로 물들어 있었다. 안경도 없었다.

"나가이 교수, 많이 힘들지? 수고하네."

학장님의 맥을 짚어 보니 딱히 약하거나 불규칙하지도 않았다. 뒷산이 안전하니, 여기서 200미터 정도 올라가 적당한 곳에 쉬게 해드리라고 시로에게 지시했다. 시 교수가 주사기를 준비해서 따라갔다. 학장님은 외래 환자를 진찰하던 중에 폭격당했다고 한다. 중상을 입은 몸으로 학장님을 도와 복도까지 나온 오쿠라 교수는 과다출혈로 일어날 수 없었고, 마침 시노가 학장님을 구조해 왔다.

"학장님은?"

잠시 후 내과의 마에다 간호부장이 병동에서 뛰쳐나와 나를 보자마자 물었다. 간호부장은 눈썹 위에서 피를 흘린 채였고 얼굴빛이 새파랬다. 뒷산으로 안전하게 대피했다고 대답하자 그는 서둘러 뒷산으로 달려갔다.

'통통한 간호부장이 날렵하게 바위산을 기어오르고 언덕을 뛰어오를 수 있을까?'

나는 멍하니 뒷모습을 바라보았다.

하시모토는 17살, 츠바키야마는 16살로, 둘 다 키가 작고 통통해 각각 항아리와 땅콩이라고 불렸다. 이 통통한 두 사람이 예진실에 들어가 보니 7명의 환자와 학생이 신음하고 있었다. 두 사람은 출입구에 있는 거구의 남자를 일으켜 세우고 조용히 안아 올려 계단을 내려가 석탄 적재장으로 옮겼다. 그리고 곧바로 되돌아와서 같은 방법으로 다음 부상자를 옮겼고, 예진실의 부상자들을 다 옮기자 검사실로 향했다. 그곳에는 낯익은 하마자키 간호사도 있었다. 하마자키 간호사를 안고 계단을 내려가면서 하시모토는 태어나서 처음 환희의 감정을 느꼈다. 그것은 형언할 수 없는 숭고한 행복이자 기쁨이었다.

'하마자키 씨는 내게 안겨 불 속에서 빠져나오고 있다는 것도 모른 채 낮게 신음하고 있다. 츠바키야마가 입 밖에 내지 않는다면 하마자키 씨는 영원히 우리에게 구조된 사실을 영원히 모를 것이다. 우리가 살아남아 복도에서 마주친다면 아무것도 모른 채 인사만 하고 지나가겠지.'

그렇게 생각하자 자신도 모르게 입가에 미소가 번졌다. 하시모토는 어렸을 때 빨간 수유나무 열매를 빈 병에 담아 소금에 절인 기억이 떠올랐다. 혼자만 아는 창고 구석에 숨겨두고, 언니에게도 알리지 않고 동생의 눈길도 피해 아침저녁으로 맛을 보러 들어갔을 때, 윤기 흐르는 그 열매를 바라보던 그 순수한 기쁨이 떠올랐다.

츠바키야마는 다른 생각을 하고 있었다.

‘이 사람들은 왜 이렇게 가벼운 걸까? 부상자 이송 훈련이나 구급차에서 엑스레이 촬영대로 옮길 때는 여러 명이 들어도 무거웠는데…… 출혈로 체중이 줄어서일까? 나가이 교수님은 방공 훈련을 왜 그렇게 심하게 시키셨을까? 실전이 이 정도라면 연습 때 그렇게까지 무섭고 어려워할 필요가 없었을 텐데…….’

간호사학교에 입학하고 얼마 지나지 않아 담력 시험을 치렀다. 암실의 희미한 불빛 속에서 촬영 기사들과 선배 간호사들이 시신과 중상자로 분장한 채 누워 신음하고 있었고, 해부조차 배우지 않은 1학년생을 한 사람씩 들여보내 맥을 짚어보게 했다. 그때의 소름 끼치는 오싹함은 지금 진짜 시신과 부상자를 안아도 전혀 느껴지지 않는다. 환자 이송 훈련도 그랬다. 아나코보 돌산에 올라 가파른 산비탈에서 환자를 로프를 묶어 이송했다. 소방 훈련도 마찬가지였다. 나가이 교수님이 진짜 불꽃을 창문으로 던지는 바람에 얼마나 놀랐는지.

‘그렇게 함께 울고 웃으며 훈련과 실제 공습에 대비했던 고나야기와 요시다가…….’

너무나 쓸쓸했다. 불길에 가로막혀 생사조차 알 수 없어도 이곳으로 돌아오고 있는 것만 같았다.

“요시다! 요시다!”

창밖으로 얼굴을 내밀고 소리쳤다. 츠바키야마도 나란히 얼굴을 내밀고 외쳤다.

"고나야기! 고나야기!"

불기둥이 다시 이쪽으로 무너졌다.

하시모토와 츠바키야마가 다음 부상자를 구하러 올라올 때마다 불길이 점령하는 공간도 점점 늘어났다. 하지만 손수건으로 코와 입을 막고 불길과 연기가 소용돌이치는 곳에 뛰어들어가 부상자를 구출해내는 일이 무엇보다 기쁘고 행복했다. 건물 밖으로 나왔는데도 뜨거운 느낌이 들어 살펴보니 소매에 불이 붙어 있었다. 두 사람은 간호사로서의 보람을 느끼고 있었다.

의식을 잃은 환자를 구조하는 것은 그나마 수월했다. 의식이 있는 환자는 상처 부위가 아프다거나 괴롭다며 천천히 옮겨 달라고 하거나, 잊은 물건을 가져다 달라거나, 휴지를 달라고 하는 등 요구사항이 많아 그만큼 시간이 오래 걸렸다. 더구나 폭격의 참상을 모르고 이 병동에 불이 번지고 있다는 것마저 모르다 보니 화가 치밀 정도로 느긋하거나 제멋대로여서 의료진을 힘들게 했다.

오쿠라 교수와 야마타가 내과 병동의 급성 관절 류머티즘 환자를 안고 옮기려 하자 환자는 아프다고 소리치며, 아프게 할 거면 그냥 두고 가라고 했다. 어쩔 수 없이 다른 환자부터 옮겼고, 마지막으로 이 환자만 남았다. 다시 안아 올리자 들 것이 아니면 싫다고 고집을 피웠다. 두 사람은 들것을 찾아 여기저기 돌아다녔지만 쓸 만한 것은 없었다. 시간을 허비한 끝에 다시 병실로 가 보니 그곳은 이미 불길에 휩싸였다.

"한 명도 구하지 못했습니다."

오쿠라 교수가 힘없이 말했다.

"아닙니다, 수고하셨습니다. 그 환자의 책임은 제가 지겠습니다."

나는 그렇게 오쿠라 교수를 위로했다. 하지만 오쿠라 교수와 야마타는 살인이라도 저지른 듯한 표정으로 불길이 일렁이는 병실을 올려다보기만 했다.

손목시계는 2시를 넘어서고 있었다. 어느새 3시간이 지났다. 불길은 지금이 한창이다. 바람은 조금 전부터 서풍으로 바뀌었다. 수십 미터 높이의 불기둥들이 서로 겨루며 솟아올랐다가 바람에 밀려 무너져내렸다. 마을에서 일어난 바람이 대학 쪽으로 밀려 내려와 석탄 적재장도 위험해졌다.

나는 환자들을 더 높은 언덕 위로 옮기기로 결심했다. 이것은 더 힘든 일이었다. 길이 좁은 데다 잔해더미로 막혀 바위와 돌담을 기어오르며 위독한 부상자를 옮겨야 했다. 2명을 업고 올라간 나는 세 번째에는 온 힘이 빠졌다. 이마의 출혈이 여전히 멈추지 않아 붕대를 세 번이나 갈았다. 안색이 창백하다고 간호부장이 걱정스러워했다. 맥박도 상당히 약해졌다.

하시모토와 츠바키야마가 거구의 남자를 업고 올라갔다. 갓난아기의 울음소리가 들렸다. 아기 엄마는 중상으로 의식이 없고, 2개월쯤 된 갓난아기가 배꼽을 내민 채 옆에서 울고 있었다. 불길이 가까워져서 나는 아기라도 구해야겠다는 생각에 아기만 안고 언덕 위로 올라가 하마자키 옆에 눕혔다. 그때 하마자키가 갑자기 신음하더니 축 늘어졌다. 그녀의 명복을 빌며 기도했다. 야마다와 간호부장이 엄마와 아이를 떼어놓으면 불쌍하다며 모친을 안고 올라왔다. 엄마 품에 안긴 아기가 우렁차게 울었다. 그 순간 의식을 잃은 엄마의 손이 아기 쪽으로 움직였다.

빗방울이 떨어지기 시작했다. 굵고 검은 비였다. 비가 떨어진 곳은 기름 찌꺼기 같은 자국이 배였다. 이 비로 주변은 더 처참해졌다. 화재로 산소가 연소하고 이산화탄소가 극심해지면서 이 화염 안에서는 숨쉬기조차 힘들었다. 모두 헐떡였다. 시계를 보니 4시였다. 환자는 모두 언덕 위에 안전하게 옮겼다. 정찰 임무를 맡은 학생들이 지붕이 있는 곳을 찾아 사방으로 돌아다녔다. 하지만 어디나 불길뿐이었고, 이곳보다 적당한 곳은 없었다.

우리는 둘러앉아 밥을 먹었다.

"입맛이 없어도 먹어둬. 앞으로 이런 일이 얼마나 계속될지 모르니까."

입맛이 없다는 간호사들을 설득했다. 다행히 모두가 미리 준비해 둔 비상식을 먹었다. 배가 부르자 마음이 가라앉는 듯했다. 환자 한 명 한 명의 증상을 살피고 아픈 곳을 물어보았다. 응급처치하고, 지혈대를 다시 묶고, 상처를 봉합하고, 붕대를 다시 감고, 소독약을 바르고, 물을 먹이고, 이불이나 돗자리를 찾아 덮어주고, 부목을 대주었다.

"표본실에서 불이 뿜어져 나오고 있어!"

누군가가 외쳤다. 10여 년 동안 애써서 모은 학술 표본, 다시는 구할 수 없는 귀중한 증례 사진들이 사라지고 있다.

"촬영실이 불타고 있어!"

"장비도 꺼내지 못했는데……."

환자 구출에 시간을 빼앗겨 의료기구와 표본은 꺼내지도 못했다. 우리에게 지식을 선사했던 문헌도, 학술 발전의 상징이었던 표본도, 제 자식처럼 아꼈던 의료 장비도 모두 새빨간 불꽃으로 변해 사라지고 있다. 모든 희망과 수많은 추억이 지금 눈앞에서 검은 연기로 지워지고 있다. 우리는 멍하니 바라볼 수밖에 없었다. 불길은 점점 더 맹렬해져 필름 창고에 불이 붙은 듯 시커먼 연기와 불꽃을 토해내며 굉음을 내기 시작했다.

'정말 끝인가?'

나는 힘이 빠져 바닥에 주저앉았다. 간호부장과 간호사들이 흐느끼며 울었다.

대학은 불덩이가 되어 마지막을 고하고 있었다. 츠노 학장님은 중상을 입었다. 나이토 병원장의 모습을 본 사람은 없으니 병원과 운명을 같이한 듯하다. 연락 임무를 맡은 학생의 보고에 따르면 고노 교수와 시라베 교수만 무사했고, 기타무라 교수와 하세가와 교수는 피투성이인 채로 주위의 도움을 받으며 뒷산으로 올라가는 모습을 보았다고 한다. 그 외에는 행방을 알 수 없었다.

학생과 간호사 중 80퍼센트는 사망한 듯하다. 생존자 중에도 부상자가 많았다. 언덕에서 구호 활동 중인 외과 소속 인원들과 뒷문 쪽에서 구호 활동을 하는 피부과와 소아과 인원을 합쳐도 멀쩡한 사람은 50명 정도일 것이다. 기초의학과는 전원이 절망이라는 뜻이니 대학은 인적으로나 물적으로 전멸했다고 해도 무방하다. 우리는 언덕 위에 서서 타오르는 대학의 최후를 내려다보았다.

오쿠라 교수가 병실에서 하얀 시트를 꺼내왔다. 나는 내 턱에서 늘어져 있던 핏덩이를 떼어내 국기를 그렸다. 이 기를 장대에 묶어 세우자 뜨거운 바람에 펄럭였다. 소매를 걷어붙이고 흰 머리띠를 맨 나가이가 장대를 두 손으로 높이 들었다. 검은 연기에 휩싸인 언덕 위로 피로 물든 깃발이 솟아올랐다. 우리는 묵묵히 그 뒤를 따랐다. 때는 오후 5시를 지나고 있었다. 나가사키 의과대학은 잿더미로 돌아갔다.

2장

전쟁은 끝났지만

세상의 끝

우리는 학장님이 누워 계시는 밭으로 갔다. 밭 한구석에 외투를 뒤집어쓰고 웅크린 채 비에 젖어 계신 모습을 보고는 눈물이 절로 나왔다. 그곳에서도 사라베 교수를 중심으로 학생들이 치료하느라 분주했다. 학장님에게 보고를 마치고 20걸음쯤 걸어가자 어지러움을 느끼고 다리가 휘청거렸다. 마침 그곳에는 우메즈가 조로 기사의 보살핌을 받으며 누워 있었다. 그 역시 비에 젖어 있었다.

나는 우메즈의 맥을 짚어 보았는데, 의외로 정상이어서 안심했다. 웃옷을 벗어 우메즈에게 덮어주었다. 그러고 나서 대여섯 걸음을 걸어 밭 한 단을 내려가는 순간 정신을 잃고 쓰러졌다.

"경동맥을 눌러!"

시 교수가 소리쳤다. 누군가 목덜미를 꽉 눌렀다. 눈을 뜨고 올려다보니 붉게 물든 구름 아래로 시 교수와 간호부장, 하시모토 간호사가 나를 내려다보고 있었다. 생사를 몰라 걱정했던 가네코 촬영기사의 얼굴도 보였다.

"봉합사! 핀셋! 거즈!"

시 교수가 다급하게 소리치며 내 귀 주변의 상처 속으로 무엇인가를 쑤셔 넣었다. 금속이 부딪치는 차가운 소리가 나고, 이따금 뜨거운 피가 뺨을 타고 흘러내렸다.

"눌러! 닦아! 거즈!"

시 교수가 계속 소리쳤다. 핀셋 끝으로 신경 섬유를 잡았는지 온몸의 통각이 일제히 깨어나고 발가락 끝이 심하게 긴장되었다. 나는 나도 모르게 손에 닿은 풀을 힘껏 움켜쥐었다.

시라베 교수가 달려왔다. 시 교수가 무언가 속삭이더니 다시 내 맥을 짚었다. 나는 체념한 심정으로 눈을 감았다.

"동맥의 절단 부위가 뼈 뒤로 밀려 들어갔어."

시 교수가 설명해주었다. 그 뒤로도 몇 번이나 내 발가락이 팽팽하게 뻗어 올랐고, 손은 풀뿌리를 쥐지 않으면 안 되었다. 하지만 다행히 수술은 성공했다.

"나가이 교수, 괜찮아. 피는 멎었네."

시 교수는 그렇게 말하고 일어섰다. 내가 감사 인사를 하려는 순간 온몸이 갑자기 나른해지며 정신이 흐려졌다.

해가 졌다. 지상은 여전히 불타오르고, 하늘 가득 퍼진 악마의 구름은 불길하게 빛나고 있었다. 서쪽의 이나사 산 상공만이 간신히 하늘이 보일 뿐이었다. 구름 사이로 초승달이 가늘고 날카롭게 비쳤다. 전염병 병동 위쪽 골짜기에서는 남자들이 널빤지와 짚을 주워 모아 임시 건물을 짓고 있었고, 여자들은 철모에 호박을 삶아 저녁 식사를 준비했다. 나가이와 다지마가 비상식량을 얻으러 현청까지 나갔다. 밭 한가운데에 호박이 끓는 불을 둘러싸고 우리는 작은 원을 이루었다. 간신히 살아남은 자들의 이 작은 원. 서로 마주보며 이 원을 이루고 있는 우리야말로 헤아릴 수 없는 인연의 끈으로 연결되어 있다고 생각했다. 우리는 서로의 손을 굳게 잡고 가만히 앉아 있었다.

"들것을 가져다주세요!"

"주사 좀 놔주세요!"

이미 어두워진 위쪽 숲에서 애처롭게 외치는 소리가 들렸다. 친구의 이름을 부르는 소리, 부모를 찾는 소리, 익숙한 목소리, 여러 명이 함께 외치는 소리. 우리는 동료 7명을 죽었으리라 포기했다. 피부과의 사키타는 대퇴부 골절로 몸을 움직일 수 없어 지금 방공호 안에 있다고 한다. 후지모토는 무너진 강당 바닥 아래에서 다행히 목숨을 건져 지팡이를 짚고 이곳까지 왔고, 집으로 돌려보냈다.

생사를 알 수 없는 사람은 츠지타와 가타오카, 야마시타를 비롯해 간호사 5명이다. 그들은 살아 있기만 한다면 어떻게든 학교로 돌아올 사람들이었다. 비록 영혼이 육체를 떠나려 하는 순간이라도 반드시 우리에게 돌아와서 생을 마감할 동료들이다. 그만큼 우리의 연대감은 견고했다. 그런 그들이 벌써 8시간이 지났는데도 모습을 보이지 않는다면 사망했을 것이다.

우리는 조용히 묵념했다.

그때 벌거벗은 거구의 남자가 느릿느릿 걸어왔다.

"나가이 교수! 드디어 찾았군."

"세이키 교수님! 살아 계셨군요."

"나 혼자만……."

세이키 교수는 차마 말을 잇지 못하고 털썩 주저앉았다. 손에 쥐고 있던 나무막대가 툭 떨어졌다. 어깨를 들썩이며 힘겹게 숨을 쉬는 모습이 상처 입은 황소 같았다.

"당장 가봐요. 학생들이 죽어가고 있어. 이미 절반 이상은 죽었어. 더 이상 죽게 내버려 둘 수는 없어. 약학과 건물 방공호야."

"곧바로 갈게요. 일단 이 호박이라도 드세요."

"괜찮아. 지금은 이런 걸 먹을 때가 아니야. 빨리 가야 해!"

시 교수, 간호부장, 하시모토, 오자사가 구급상자를 들고 일어섰다. 세이키 교수는 시로의 부축을 받고 겨우 일어섰다.

"학교는 전부 사라져버렸어. 어마어마한 일이 일어났어. 모두 죽었어. 길도 엉망진창이라서 300미터 오는 데 한 시간이 걸렸어. 그만 가볼게. 다행이야. 학생들을 구할 수 있겠어."

세이키 교수는 간호부장의 어깨를 의지해 불타는 대학 안으로 비틀거리며 걸어갔다. 세이키 교수 일행은 기초의학 건물 뒤를 중심으로, 오구라 교수와 야마다 일행은 이곳 임시 건물을 중심으로 야간 구호를 계속할 것이다. 나와 우메즈는 임시 건물의 짚 더미 위에 누워 있었다. 벌레들도 다 죽었는지 주변은 적막하기 그지없다.

땅을 가득 메우고 하늘을 태우는 불길의 반사광에 의지해 신음 소리를 좇아 부상자를 찾아냈다. 상처를 붕대로 감싸고 주사를 놓은 후 부상자를 안아 올렸다. 도로는 불길의 병풍에 가로막혀 쓰러진 나무를 넘어 돌아갈 수밖에 없었다. 무너진 돌담을 기어오르고, 때로는 널다리가 날아간 것도 모르고 건너가다가 환자와 함께 개울에 빠지기도 했다. 발바닥은 이미 여러 번 못을 밟아 걸을 때마다 통증을 느끼고, 무릎은 유리 파편에 베여 바지에 달라붙었다.

구호대는 의학부 부장 다카기 교수를 구조했고, 이시자키 조교수와 마츠오 교수를 차례차례 들것에 실어 옮겼다. 임시 건물도 신음 소리로 가득 찼다. 약학 국장의 딸도 위독했다. 지나가던 보험 수금원이 막사 안으로 쓰러지듯 들어왔다. 죄수 2명도 잠자리를 찾아 들어왔다.

그러는 동안 상공에는 적기가 두 번 나타났고 전단탄이 터지는 소리가 들렸다.

불길은 한밤중에야 사그라들기 시작했다. 숨이 다했는지, 포기했는지, 피곤함에 지쳐 잠들었는지 세상은 고요함에 빠져든다. 엄숙한 순간이다. 그 시각 도쿄의 최고군사회의에서는 종전 선언이 발표되었다. 지구의 육지와 바다를 무대로 펼쳐진 제2차 세계대전은 갈수록 고조되어, 이 전쟁이 어떤 파란을 일으킬지 두려웠다. 그런 중에 원자폭탄의 등장으로 전쟁은 클라이맥스에 이르렀고 갑자기 막을 내렸다.

엄숙한 순간이다. 나는 불길한 빛을 발산하며 저물어가는 방사능 구름을 마음 조이며 바라보았다.

'저 구름이 흘러가는 끝은 어디일까? 우리 앞에 놓인 길은 불행일까 아니면 행운일까? 정의일까, 그렇지 않으면 사악함일까?'

지금, 새로운 원자폭탄의 시대가 막이 열리고 있었다.

8월 10일.

태양은 평소처럼 곤피라 산 위에 고개를 내밀었고, 그 빛을 맞이한 것은 아름다운 우라카미가 아니라 잿더미로 뒤덮인 우라카미였다. 살아 숨 쉬는 마을이 아니라 죽음의 언덕이었다. 공장들은 눌려 찌그러지고 굴뚝은 모두 부러졌으며, 상점가는 잔해와 부스러기의 바다가 되었다. 주택가는 담 흔적만 남았고, 밭은 벗겨졌다. 숲은 잿더미로 변했고, 나무들은 성냥개비처럼 쓰러져 있었다. 황량한 벌판으로 변한 거리에는 개 한 마리도 돌아다니지 않았다. 한밤중에 갑자기 불이 번진 성당은 진홍빛 불꽃을 피우며 마지막 마침표를 찍고 있었다.

우리는 꼭두새벽부터 약학과 건물 방공호로 이동해서 구

호에 나섰다. 운동장 구석에 함석을 베고 잠들어 있는 사람이 있어 달려가 보니 세균학과의 야마다 교수였다. 교수는 우리에게 츠지타의 마지막 모습을 알려주었다. 그래서 서둘러 세균학 교실로 가보니 실험실의 잿더미 속에 검게 타버린 뼈가 뒤섞여 있었다. 그중에 여성의 뼈를 찾았고, 이것이 츠지타일 것이다. 유골은 아무 표정이 없다. 조심스럽게 종이로 뼈를 주워 모으며 되뇌었다.

'꿈이라면……'

츠지타가 수업을 듣던 강의실에도 햇빛을 받아 희미하게 반짝이는 잿더미 속에 가지런히 늘어선 수십 개의 검은 뼈들. 이 속에 가타오카도 있을까? 필기하던 펜을 쥔 채 젊은 목숨을 빼앗긴 학생들. 어제 아침만 해도 그토록 활기차게 교문을 들어섰는데…….

예상은 했지만 바라지 않던 끔찍한 일이 현실이 되었다. 운동장 밭에 시신 5구가 놓여 있었다. 아무리 기다려도 오지 않을 터였다. 아무리 불러도 대답하지 않을 터였다. 여기서 이렇게 쓰러져 있으니. 야마시타, 요시다, 이노우에 간호사가 풀을 뽑는 중에 하마와 고나야기 간호사가 다가와서 말을 건넸으리라. 세 사람이 일어나 손을 흔들었고, 뒤에 온 두 사람도 손을 흔들며 달려갔다. 그 순간 폭격을 맞은 것이 분명했다.

세 사람과 두 사람은 떨어져 쓰러져 있었다. 간호부장이 야마시타의 어깨에 손을 얹고 흔들어 깨웠지만, 어린아이 같은 얼굴은 핏기를 잃은 채 한참이었다.

'이렇게 죽을 아이였다면 그렇게 야단치지 말걸…….'

야마시타의 귀여운 코를 바라보며 생각한다. 이렇게 차갑게 식어버린 머리를 쓰다듬자 한 번도 꾸짖지 않은 이노우에보다 늘 나무랐던 야마시타가 더 애틋하다. 작은 강아지 배지도 가슴에 그대로 달고 있고, 얇은 입술에는 흙이 묻어 있다.

단 한 발로 이렇게 많은 생명을 앗아가고, 이렇게 엄청난 파괴를 저지른 폭탄은 대체 무엇일까? 간호부장이 달려와서 건네준 종이 한 장은 어젯밤 적기가 뿌린 전단이었다. 전단을 훑어본 나는 나도 모르게 소리쳤다.

"아! 원자폭탄!"

나는 다시 한번 어제와 같은 충격을 받았다. 원자폭탄이 완성되었다. 일본은 전쟁에서 패했다.

그랬다. 이 위력은 원자폭탄이 아니면 불가능하다. 어제부터 관찰한 결과는 예상했던 원자폭탄의 현상과 맞아떨어진다. 미국은 마침내 이 어려운 연구를 완성한 것인가? 과학의 승리, 조국의 패배. 물리학자의 환희, 일본인의 비탄. 나는 원자탄의 폭격으로 참혹하게 변한 주변을 복잡한 마음으로 돌아다녔다.

죽창이 떨어져 있었다. 걷어차자 텅 빈 소리가 났다. 죽창을 집어 들어 하늘을 찌르자 눈물이 나왔다. 죽창과 원자폭탄. 죽창과 원자폭탄의 싸움이라니 얼마나 비참한 희극인가. 이것은 전쟁이 아니다. 이것은 전쟁이 될 수도 없다. 죽임을 당하기 위해 이곳에 줄지어 세워져 있을 뿐이다.

전단에는 이렇게 쓰여 있었다.

일본 국민에게 고함!

이 전단에 쓰인 내용을 주의하여 읽기 바란다.

미국은 현재 몇 명을 희생시킬지 모르는 무서운 신무기, 원자폭탄을 발명해서 사용하기에 이르렀다. 이번에 발명한 원자폭탄 한 개는 B29 폭격기 2천 대가 한 번에 투하할 수 있는 폭탄의 위력에 필적한다.

무익한 전쟁을 지속하려는 군사상의 모든 것은 파괴될 것이다. 우리가 이를 행동으로 옮기기 전에 이 전쟁을 멈추도록 여러분의 지도자에게 청원하기를 바란다.

미국 대통령은 13개 조항을 일본 측에 알렸다. 이를 신속히 받아들여 평화를 사랑하는 새로운 일본을 건설하기를 권한다. 그렇지 않으면 우리는 단호히 원자폭탄을 비롯한 우수한 무기들을 사용해서 이 전쟁을 신속하고 강력하게 종결시킬 것이다.

읽자마자 간담이 서늘해졌다. 두 번 읽고 나서는 우리를 바보 취급한다고 생각했다. 세 번째 읽었을 때는 무슨 소리를 하는 거냐고 분노했다. 하지만 네 번째 읽고 나자 생각이 바뀌어 이 내용이 사실일지 모른다고 생각했다. 다섯 번째에는 이것은 선전용이 아니라 냉정하게 사실을 전하고 있다는 것을 알아차렸다. 나는 오른손에 죽창을 쥐고 왼손에 전단을 움켜쥔 채 방공호에 있는 세이키 교수에게 갔다.

세이키 교수는 전단을 읽더니 "으음." 하는 신음과 함께 바닥에 쓰러졌다. 그리고 허공을 노려본 채 한동안 아무 말도 하지 않았다.

'원자가 폭발하면 그다음에 무엇이 나올까?'

나는 세이키 교수 옆에 누워 생각했다. 거대한 원자력, 미립자, 전자파, 열. 이 네 가지가 먼저 떠오른다. 원자력, 즉 원자가 창조된 순간부터 각 원자 속에 있는 원자핵 내부에 잠재되어 있는 힘. 원자의 형태를 유지하고 그 작용의 근원이 되는 힘. 그것은 원자의 체적에 비교하면 엄청난 에너지이며, 실로 만물유전의 원동력이다. 일부 학자는 태양에서 끊임없이 방사하는 거대한 에너지는 실제로 태양의 원자가 시시각각 폭발하면서 발하는 원자력이라고까지 말했다. 따라서 원자폭탄은 인공 태양이라 해도 좋을지 모른다.

이 거대한 원자력은 원자의 분열과 동시에 방출되어 단숨에 만물을 압도한다. 진공 상태, 공기 중, 땅속, 물속에서 일어나는 원자 분열은 각각의 환경에 따라 발생하는 현상이 다르다. 이번에는 공기 중에서 분열했다. 방출된 거대한 힘은 먼저 공기 분자를 사방으로 밀어내고, 그 결과 발생한 거대한 풍압이 사방으로 진행한다. 그때 내부는 진공 상태가 될 것이다. 그리고 거대한 풍압 뒤에 거대한 음압이 뒤따라온다. 이때 지형이 우라카미 같은 골짜기라면 구면파가 여기에 충돌하고 반사할 때 복잡한 간섭을 일으킬 것이다.

먼저 커다란 풍압이 지상의 물체를 밀어뜨리고, 짓누르고, 부수고, 날려버린다. 이어서 음압이 와서 반대로 끌어당기고 빨아들여 가벼운 물체는 하늘 높이 먼지구름으로 휘감아 올라간다. 이후 복잡한 풍압이 뒤섞여 한동안 난폭하게 휘몰아칠 것이다. 그 결과 왜 이런 방향으로 움직였는지 짐작조차 할 수 없는 상태를 종종 마주할 것이다. 이 풍압의 속력은 대체로 음파의 속도와 비슷하다고 추측된다.

원자가 분열될 때 방출되는 미립자는 원자 구성 입자인 중성자, 양성자, 알파 입자, 음전자, 양자핵 분열로 생긴 새로운 원자, 분열되지 않은 원래의 원자다. 이 중에서 가장 강력하게 작용하는 것은 중성자다. 중성자는 전기적으로 중성인 미립자이므로 맹렬한 속도로 원자핵에서 튀어나와 도중에 전기장과 자기장의 영향을 받지 않고 그대로 직진해서 물체를 관통한다. 그 속도는 초속 30만 킬로미터에 이를 것이다. 다만 수소 원자에 충돌하면 정지하는 성질이 있어서 물이나 습한 흙, 파라핀을 만나면 차단된다. 알파 입자와 양성자는 양전하를 띠고 있어서 전기장과 자기장의 영향을 받아 그 속도를 변하기도 하고, 음양 입자가 결합하거나 공중 방전을 일으켜 지상에는 많이 도달하지 못하고 공중에 부유하다가 사라질 것이다.

원자핵 분열로 새로 생긴 원자는 원래의 원자보다 작고 일정 시간 불안정한 상태로 방사선을 방사한다. 이 원자는 체적이 크기 때문에 진행 도중에 받는 저항도 커서, 이내 속도를 상실하고 공중에 부유할 것이다. 이 원자는 방사능 낙진이 되어 지면에 떨어져 쌓이고, 당시의 바람 방향에 따라 퍼지면서 오랜 기간 잔류 방사능의 원천이 될 것이다. 이 미립자들은 폭발과 동시에 먼저 구형으로 확산하고 속도와 중력과 부력, 기압 등의 조건에 따라 여러 형태로 나타날 것이다. 그 미립자를 중심으로 수증기의 응결도 일어날 것이다. 폭발 직후에 생긴 버섯구름은 이 때문이며, 그 굵고 검은 빗방울도 이렇게 만들어졌을 것이다.

이런 대변화가 순식간에 일어나는 만큼 거대한 열에너지를 발생시킨다. 폭발 중심지의 가장 가까운 거리에 있는 물체는 시커멓게 타버린다. 예를 들어 약학과 건물 입구의 기둥은 폭발 중심지를 향하고 있는 반쪽 면이 새까맣게 타버렸다. 특히 열을 흡수하는 검은색 물체는 더 심하게 타버린다. 이노우에의 눈동자에서 검은자위만 구멍이 뚫렸거나, 검은색 기와 표면에 거품이 일었거나, 옷의 검은 무늬 그대로 열상을 입은 환자가 있었거나, 돌의 검은 부분이 너덜너덜해진 것 등이 이를 뒷받침한다.

원자 내에서 전하 입자의 급격한 위치 이동이 일어나는 결과 전기장과 자기장의 왜곡이 발생하며, 이것이 전자파로 방사된다. 이를 파장이 짧은 것부터 나열하면 감마선, 엑스선, 자외선, 가시광선, 적외선이다. 더 나아가 파장이 긴 전파도 나올 수 있다. 그 속도는 모두 초당 29만 9,790킬로미터라는 엄청난 수치다. 빛이 번쩍 눈을 찌른 바로 그 순간이 원자폭발의 순간이며, 동시에 무시무시한 감마선이 신체를 관통하고, 적외선은 노출된 부위에 화상을 입힌다.

세이키 교수를 중심으로 모두 열심히 토론 중이다.

"대체 이것을 완성한 사람은 누구일까요? 콤프턴? 아니면 로렌스?"

"아인슈타인도 큰 역할을 했을 겁니다. 그리고 보어나 페르미 등 유럽에서 미국으로 쫓겨난 학자들도 참여했겠죠."

"중성자를 발견한 영국인 채드윅이나 프랑스의 퀴리 부부도 그렇죠."

"수년간 학술적 교류가 막혀 중요한 어떤 연구 결과가 나왔는지 알 수 없지요. 다만 분명 새로운 인물이 있을 겁니다. 그리고 미국일 테니 수천 명의 과학자를 동원해 연구를 분담하고 효율적으로 진행했을 테죠."

"이건 실험실만의 일이 아닙니다. 원료의 채굴, 정제, 분석, 순수 분리만 해도 상당한 노동력이 필요하죠. 나중에 발표가 나오면 일본의 무기연구소 따위는 그쪽에 빌딩 옆에 놓인 성냥갑 같겠죠. 아마 수십만 노동자의 힘이 이 한 발의 원자폭탄에 담겨 있을 겁니다. 수십 명, 수백 명의 여학생이 종이와 풀로 만든 일본의 비밀 병기와는 차원이 다르죠."

"재료라고 하면 무슨 원자일까요? 역시 우라늄인가요?"

"글쎄요. 혹시 알루미늄 같은 가벼운 원자는 아닐까요."

"하지만 그렇게 작은 원자라면 방출되는 힘도 적겠죠."

"우라늄 원광은 흔하지 않아서 이렇게 대규모 전쟁에 사용하려면 쉽게 구할 수 없을 거예요."

"우라늄 광물은 캐나다에서 얼마든지 나오잖아요."

"재료와 관련된 이야기인데, 대체 어떤 방법으로 원하는 순간에 대량으로 한꺼번에 원자폭발을 일으킨 걸까요?"

"바로 그겁니다. 그 문제가 각국 물리학자들이 경쟁하는 핵심이었죠. 아까 로렌스라는 이름이 나왔죠? 그 사람이 입자가속기를 발명한 원자핵 폭발 분야의 일인자입니다."

"설마 그 폭탄 안에 입자가속기를 넣은 건 아니죠? 이화학연구소에서 본 적 있는데, 큰 건물만 하던걸요."

"그걸 어떻게든 소형화한 건 아닐까요?"

"고압 절연이나 전자석 같은 걸 생각하면 작게 만들 수가 없어요."

"라듐 같은 걸 써서 알파선 같은 걸 이용하면 어떨까요?"

"아니면 우주선(宇宙線)의 중간자 같은 걸 이용할 수는 없을까요?"

"앗! 생각났어요! 맞아, 피션!"

“피션이 뭐죠?”

“피션. 핵분열입니다. 마이트너 여사가 발견한 그 현상 말이에요.”

“마이트너 여사는 별로 들어본 적 없는 이름인데, 어느 나라 사람이죠?”

“오스트리아 사람입니다. 연구한 곳은 코펜하겐이고요. 그녀 역시 히틀러에게 쫓겨난 학자 중 한 명입니다. 오토 한 박사의 조수였는데, 지금은 예순을 훨씬 넘긴 할머니입니다. 페르미 교수의 연구에도 관여했죠. 우라늄 원자핵에 느린 속도로 중성자를 충돌시키면 우라늄 원자가 둘로 갈라지는 사실을 발견했어요. 중성자의 속도가 너무 빠르면 원자핵을 그대로 관통해버려 아무 일도 일어나지 않죠. 천천히 날아온 중성자가 원자핵 안으로 파고들면 갑자기 핵이 2개로 분리됩니다. 그리고 핵 안에 잠재되어 있던 거대한 원자력이 분출되는 거죠.”

“오호, 편리하군요. 중성자만 있으면 되는 거잖아요.”

“여기서 흥미로운 점은 둘로 갈라진 두 핵의 질량이 원래 질량보다 줄어들었다는 사실입니다. 이는 이전에 아인슈타인이 발표한 에너지 질량의 보존 이론을 사실로 증명해낸 것입니다. 물리학의 혁명이라 불릴 만한 일이죠. 즉 핵이 2개로 갈라질 때 그 일부의 질량, 다시 말해 물질이 갑자기 사라지고 동시에 같은 양의 에너지가 발생하는 겁니다. 원자폭탄의 에너지가 그것이죠.”

“물질이 갑자기 에너지로 변한다는 거군요.”

“그렇습니다. 물질의 질량에 광속의 자승을 곱한 것이 그 질량의 에너지입니다.”

“빛의 속도가 초당 약 300억 센티미터니까 그 자승은 엄청나게 큰 수치겠네요. 1그램의 질량이 에너지로 변하면 대체 얼마나 될까요?”

“대충 계산해보면 1그램의 물질이 에너지로 변하면 1만 톤의 물체를 100킬로미터 운반하는 힘이죠.”

“우와!”

“이곳 우라카미를 파괴한 원자폭탄의 경우, 원자도 상당히 대량으로 사용했을 테고, 각종 장비로 인해 탄체는 어뢰 정도의 크기였을 겁니다. 하지만 순수하게 소비된 원자 질량은 아마도 몇 그램 정도의 작은 양일 겁니다.”

“대단하군요. 하지만 수많은 원자핵을 한꺼번에 분열시키려면 중성자를 얼마나 발사하는 거죠?”

“그게 절묘합니다. 우라늄 원자핵이 핵분열을 일으키면 감마선도 나오는데, 대개 2개의 중성자도 튀어나옵니다. 그리고 이 2개의 중성자가 근처의 핵에 부딪혀 또 두 곳에서 핵분열이 일어납니다. 그리고 2개씩 중성자가 나와서 이번에는 4개의 핵을 분열시킵니다. 그다음은 8개, 16개, 32개, 64개……."

"128, 256, 512, 1,024, 2,048……."

"이렇게 처음에는 조금만 분열하다가 짧은 시간에 엄청난 개수의 원자가 동시에 폭발합니다. 이를 연쇄작용이라고 합니다."

"그럼 처음에 한 개의 핵을 분열시키면 그다음에는 저절로 그곳에 있는 수많은 원자가 분열되는 거네요. 하지만 엄밀한 의미로는 동시에 일어나지 않고 어느 정도 시간이 걸린다는 말이네요."

"그러고 보니 폭압이 몰아친 게 한순간이 아니라 몇 초간 지속된 것 같았어요. 처음에는 조금 약한 풍압이 왔다가 갑자기 강해졌던 것으로 기억합니다. 그 뒤에 이어진 것은 반사 간섭의 결과로 생긴 압력이었을 테죠."

"일본에서는 이 사실을 몰랐나요?"

"알고 있었죠. 나도 알고 있는데."

"그럼 왜 하지 않았죠?"

"마이트너의 실험은 이 전쟁이 시작되기 훨씬 전이니까 어느 나라나 시도했죠. 하지만 핵분열을 일으키는 우라늄에는 동위원소의 우라늄235와 238이 있는데, 우라늄235가 더 잘 분열되죠. 우라늄 속에 다른 원소가 섞여 있으면 분열되지 않기 때문에 중성자가 들어가도 연쇄작용은 일어나지 않습니다. 따라서 연쇄작용을 완성하기 위해서는 순수 우라늄235만 모아야 합니다. 이것이 상당히 어려운 작업입니다. 일본에서도 이 우라늄235의 순수 분리를 시도했지만 군부로부터 그런 꿈 같은 연구에 막대한 비용을 쓰면 곤란하다는 꾸지람만 듣고 무산되었다는 소문을 들었습니다.”

“아쉽군요.”

“바보를 지도자로 모신 현자의 탄식일 뿐, 지나간 일은 더는 어쩔 수 없죠. 핵이 분열해서 중성자가 나오는데, 우라늄 덩어리가 너무 작으면 밖으로, 즉 공기 중으로 날아가서 이 또한 연쇄작용이 멈춥니다. 그래서 우라늄 덩어리는 충분히 커야 합니다.”

“순수 우라늄235를 대량으로 얻는다는 건 쉬운 공정이 아닙니다. 미국이라고 해도 상당히 고생했을 테죠.”

“미국 과학자들의 연구 열의가 대단하겠지요. 하지만 이 작업은 방사능물질을 다루는 일이어서 많은 희생자가 발생했을 겁니다.”

“희생자 없이는 과학의 진보도 없는 법이죠.”

“우라늄이 아니라면 새로운 인공 원자일 수도 있다고 생각합니다. 이 분야의 최고 권위자인 페르미가 미국으로 건너갔다는 소문이니까요."

“여하튼 위대한 발명입니다, 이 원자폭탄은……."

원자물리학에 흥미를 갖고 그 분야의 연구에 종사한 적 있던 몇 명의 우리 교수들이 지금 이곳에서 그 원자물리학의 결정체인 원자폭탄의 피해자가 되어 방공호 속에 쓰러져 있다는 것, 몸으로 그 실험대 위에 올려져 그 상태를 관측할 수 있다는 것, 그리고 이후의 변화를 계속해서 관찰할 수 있다는 것은 너무나 희박한 확률이다. 우리는 당했다는 비탄과 분개, 원통함이 가슴 깊이 밀려오면서도 새로운 진리 탐구의 본능이 꿈틀거리기 시작했음을 느꼈다. 원자폭탄으로 황량해진 벌판에 분노와 함께 신선한 흥미가 솟아올랐다.

그날 우리에게 남은 것

"선생님, 유독가스를 마신 걸까요? 왠지 몸이 안 좋고 기운이 없어요."

"선생님, 폭풍을 마셔서 그런지 속이 메스껍고 토할 것 같고 고개도 들 수 없어요."

"저는 잔해에 매몰되었어도 상처 하나 입지 않았는데 오늘은 죽을 것만 같아요."

돌담이나 무너진 건물 구석으로 도망쳐 온 사람들이 몸이 말을 듣지 않다고 내게 묻는다. 나 자신도 마찬가지다. 송년회에서 진탕 마신 다음 날 아침의 숙취 같은 불쾌한 상태다. 술을 마시지 않아 이 기분을 모른다면 뱃멀미를 떠올려 보라. 전신 권태감, 두통, 메스꺼움, 구토, 현기증, 무기력감 등과 같은 불쾌한 증상이다. 이 증상들은 예전에 내가 라듐 실험에 몰두하던 당시 자주 경험했던 감마선 중독 증상과 똑같다. 가스를 마신 것도 아니고, 폭풍과도 관계없다. 감마선의 작용이다. 번쩍이는 섬광을 본 순간 감마선이 온몸에 꽂힌 것이다. 게다가 감마선은 목조 주택 따위는 아무렇지도 않게 관통하고 콘크리트 벽도 통과하기 때문에 실내에 있던 사람도 모두 노출된 것이다.

중성자도 방출되었으므로 그로 인한 증상도 생길 것이다. 중성자에 대해서는 문헌에서 읽은 적은 있지만 내가 직접 실험해보지 않아 이 증상이 중성자 중독인지 아닌지는 알 수 없다. 게다가 심각한 장애가 발생한다. 중성자는 감마선보다 생물에 미치는 영향이 훨씬 강력하다. 또한 그 증상이 발현되기까지 일정한 잠복기가 있는데, 신체 부위에 따라 달라 앞으로 언제 어떤 증상이 나타날지 알 수가 없다. 원자폭탄과 중성자, 원자병을 떠올리며 전율을 느꼈다.

오늘은 부상자를 방공호로 옮기는 작업으로 하루를 보냈다. 하늘은 맑게 개었고, 악마 같은 구름은 동쪽으로 사라졌다. 뜨거운 태양에 땅을 뒤덮은 잿더미의 열기까지 더해져 우라카미는 말 그대로 가마솥이었다. 어제 불길을 피해 죽음의 손아귀에서 벗어난 사람들은 안심하고 앉은 곳이 마지막 땅이 되었다. 바위나 나무 뒤에 쓰러진 채 움직이지 않았다. 어떤 사람은 이미 숨을 거두었고, 어떤 사람은 목이 계속 마른다고 애원하고, 신음하는 것만으로도 힘이 벅찬 이들이 있다. 어디로 가야 할지 모른 채 무작정 달려온 까닭에 언제 어디서 쓰러졌는지 찾는 쪽도 난감했다.

"거기 누구 없어요?"

그렇게 외친 후 목소리가 나는 쪽으로 다가갔다. 쓰러진 사람이 곤피라 산만 해도 수백 명 혹은 수천 명이다.

부상자를 헤아릴 수 없다. 현청과 시청의 위생과, 의사협회, 경찰 등에서 사전 계획대로 능숙하게 구호 활동을 펼쳤다. 오오무라 해군 병원에서도 타이잔 원장의 지휘 아래 가장 먼저 구호대를 투입했다. 구루메 육군 병원의 구호대도 도착했다. 최고의 구호 기관이라 자칭하던 우리 대학이 구호 대상이 되다니 뭐라 표현할 수 없이 감정이다.

고야노 교수는 집이 불타고 가족도 중상을 입었지만 학장 대리로서 구호 활동의 중심이 되었다. 아들을 둘이나 잃으신 시라베 교수는 장례를 치르지도 못한 채 부상자들 사이를 오가고 있다. 그 외에도 가족과 가산을 잃은 교직원과 학생들이 자리를 지키며 구호 활동과 실종자 수색, 교내 정리에 힘쓰고 있다. 츠노 학장과 다카기 의학부장은 물이 새는 방공호에 누워 있으면서도 여전히 지휘를 맡고 있다. 몸 상태는 점점 더 나빠지는 모양이다. 야마네 교수도 중상을 입은 채 발견되어 방공호 안에 누워 있다.

부상자들을 차례차례 방공호 안으로 옮겼다. 적기는 연이어 습격해왔다. 다시 섬광이 번쩍이면 끝장이니 멀리서 폭발음이 들리기만 해도 모두 신경이 곤두서서 방공호 안으로 숨어버렸다. 우리는 많은 이들을 떠나보내고 많은 부상자를 진료했다. 그리고 원자폭탄으로 발생한 상해를 고찰하고 증상을 정리했다.

상해의 원인은 원자폭탄 때문인 것과 폭발 현상에 수반되는 간접적인 상해로 나뉜다. 직접 상해는 폭압, 열, 감마선, 중성자, 탄체 파편에 의한 것이며, 간접 상해는 무너진 건물과 파편, 화재, 방사선에 의해 오염된 물질에 의한 것이다. 충격으로 인한 정신 이상도 후자에 속한다. 원자폭탄이 일반 화약 폭탄과 현저히 다른 점은 폭탄 파편으로 부상이 없는 대신 방사선 노출에 따른 상해를 일으킨다는 점, 그리고 잔류 방사능으로 인해 오랫동안 영향을 미친다는 점이다.

폭압은 말로 표현할 수 없을 정도로 강력해서 건물 밖이나 옥상, 창가에 있던 사람은 모두 폭압에 내동댕이쳐지고 날아갔다. 반경 1킬로미터 이내에서는 즉사하거나 몇 분 후에 사망했다. 500미터 떨어진 곳에서는 태반이 붙은 영아가 산모의 다리 사이에서 발견되었고, 배가 갈라져 내장이 드러난 시신도 있었다. 700미터에서는 목이 떨어져 날아간 시신이 있었다. 눈동자가 튀어나온 시신도 있었고, 내장 파열을 의심되는 창백한 시신이나 머리뼈 골절로 귀에서 출혈이 있는 시신도 있었다.

상당한 고온의 열도 발생했다. 폭발 중심지에서 500미터 떨어진 곳에서는 얼굴이 시꺼멓게 탄 사신이 발견되었다. 반경 1킬로미터 내외에서 입은 화상은 증상이 매우 특이했는데, 나는 이를 원자폭탄 열상이라고 부르고 싶다. 원자폭탄 열상은 열상 부위의 피부 박리를 동반한다. 열상을 입은 부위의 표피가 피하 조직에서 분리되어 1센티미터 정도의 폭으로 가늘고 길게 갈라지며, 그 중간이나 끝에서 잘려 나가기도 한다. 벗겨진 표피는 수축해서 안쪽으로 말린 채 늘어진다. 그 색은 자갈색이다. 벗겨진 표피 안쪽에서는 가벼운 출혈이 있다. 열상을 입을 당시의 느낌은 뜨거움보다 순간적인 격렬한 통증이며, 그 뒤 심한 냉감과 통증을 호소한다. 벗겨진 피부는 약해 쉽게 떨어진다. 이런 종류의 열상을 입은 부상자 대부분은 짧은 시간 안에 사망했다.

원자폭탄 열상은 다음과 같은 과정을 거쳐 발생한다고 생각한다. 열복사에 노출된 부위가 열상을 입으면 피부가 열 변화를 일으켜 물러지고, 피하 조직과의 결합 조직도 약해진다. 열복사는 초속 30만 킬로미터의 속도로 폭발하는 동시에 열상을 발생시킨다. 반면에 노출되지 않은 부위는 피하 조직과의 결합 조직도 건재했다. 이어서 얼마 후 폭압이 밀어닥치고, 그 뒤로 진공 상태가 되면서 주변에 음압이 발생한다. 그 결과 신체의 피부는 바깥쪽으로 강하게 당겨진다. 이때 건재한 피부는 그대로 남고 열상 부위는 벗겨진다. 이런 피부 박리 현상은 다른 일반적인 화상에서는 발생하지 않는다.

반경 1킬로미터 이상 3킬로미터 이내에서는 보통 화상이라 불리는 피부 변화를 보였다. 열상 당시 뜨거움을 느낀 사람도 있고 느끼지 못한 사람도 있다. 작열감과 동통이 있으며, 피부는 빠르게 붉어지고, 1시간 내지 수 시간 내에 수포가 발생했다. 이것도 일반적인 화상과 크게 다른 것은 감마선과 중성자에 동시에 노출되었다는 점이다. 이 상처는 앞으로 어떻게 변할까?

탄체 파편이 불덩어리가 되어 쏟아졌다. 크기는 손가락 한 마디에서 어린아이 머리만 하고, 푸르스름한 광채를 내며 빠르게 떨어져서 노출된 피부에 괴사를 일으킬 정도의 화상을 입혔다. 무너진 건물에 깔리거나 유리 등의 파편에 의해 베인 상처, 화재로 인한 사망 등은 일반적인 공습에서도 볼 수 있지만, 동시에 광범위하게 발생한 점이 특이하다.

감마선과 중성자로 인한 증상 중에서 초기에 나타나는 것은 앞서 언급한 원자폭탄 숙취 외에도 배뇨량 감소, 타액 분비 감소, 땀 분비 감소, 성욕 감퇴였다.

좁은 방공호 안에는 움직일 수도 없을 정도로 시신과 부상자, 건강한 사람이 뒤섞여 있었다. 부상자의 신음 소리가 멈추면 죽었다는 신호였다. 원자 이론 토론과 사상자 분류로 아침부터 논쟁이 이어졌고, 그 때문인지 밤이 되자 모두 지쳐 말이 없었다. 주변이 조용해지자 어제부터 보아온 끔찍한 광경들이 떠올라 꿈인지 생사인지 분간할 수 없는 불안의 경계에서 헤맸다. 방공호 천장에서 떨어지는 물방울이 시곗바늘 소리처럼 소름 끼치게 들린다.

한밤중쯤이었을까, 나를 간호하던 간호부장이 꾸벅꾸벅 졸다가 꿈을 꾸었는지 갑자기 나를 흔들며 어제 숨진 간호사의 이름을 불렀다.

"오야기, 오야기!"

8월 11일.

공기가 서늘한 새벽 시간에 환자를 육군 병원으로 옮기는 일을 마치고, 몸이 가벼워져 안도의 한숨을 쉬었다. 생존자 구조는 끝났고, 오늘은 시신을 수색하고 찾은 시신을 화장해야 한다. 여기저기에서 붉고 슬픈 불꽃이 치솟는다. 두세 명씩 그것을 둘러싸고 멍하니 서 있다. 우리도 야마시타를 비롯한 5명을 장사 지냈다. 소중한 생명이 이다지도 쉽게 끝나도 괜찮은 걸까? 판자 조각에 연필로 작은 묘표를 써서 세웠다. 무덤에 바칠 꽃은 없었다.

비보를 듣고 달려온 유족들이 사랑하는 사람의 이름을 부르며 헤맸고, 비슷한 뒷모습만 봐도 달려갔고, 살아남은 동급생을 발견하면 참고 참은 울음을 토해냈다. 애도의 말조차 할 수 없는 상황이었다. 함께 울면서 시신을 찾을 뿐이다.

"시신이 발견되지 않으면 학교에서 사망했을 확률이 높습니다."

끝내 시신을 찾지 못한 유족들은 학교에서 사망했으리라는 말을 듣고 교실로 찾아가 검은 뼛조각을 주워 모은다. 우연히 발견되는 시신은 그 사람인지 얼굴을 분간할 수 없을 만큼 손상되어 명찰로나마 확인해야 했다. 유족은 울음마저 잊은 채 그 옆에 서 있었다.

순례자들

　나가사키 북쪽에는 3개의 봉우리가 아름답게 솟은 푸르른 산이 있다. 정식 명칭은 구로다케 산이지만 지역 주민들 사이에서는 '3개의 산'이라는 의미로 미츠야마라고 부른다. 미츠야마 산 뒤쪽 계곡에는 예전부터 화상에 효능이 있다고 알려진 광천이 솟아나고 있다. 고바 마을의 로쿠마이이타 온천이라고 불리며, 다이쇼 시대에는 작은 온천 여관도 있었다. 우리는 열상 환자들의 치료에는 광천 요법이 가장 적합하다고 판단해 이 고바 마을에 구호대를 개설했다.

　8월 12일, 우리는 우라카미를 떠나 미츠야마 산 계곡으로 들어갔다. 잿더미로 가득했던 시야는 이내 사라지고 모든 것이 푸르게 빛났다. 청량한 바람이 불었고 숲은 생기가 넘쳤다.

일행은 몇 번이나 멈춰 서서 깊게 숨을 들이쉬며 전쟁터의 먼지를 뱉어냈다. 숨 쉴 때마다 온몸이 깨끗해지는 듯했다. 고바 마을의 후지오라는 곳에서 집 한 채를 빌려 구호대 본부를 꾸렸다. 우리 일행은 집 앞의 숲을 지나 계곡으로 내려갔다. 바위에 옷을 걸쳐두고 세차게 흐르는 맑고 시원한 계곡물에 몸을 담갔다. 바위를 베개 삼아 물을 이불 삼아 누워 하늘을 올려다보니 짙푸르고 무성한 나무들이 하늘을 가리고 매미 소리가 빗소리처럼 쏟아졌다. 하늘에는 흰 구름이 유유히 오가고 있었다.

‘살아 있구나, 나는 살아 있구나.’

전쟁터에서 읊었던 ‘오늘도 살아남은 실낱같은 생명이라면 무엇이 더 소중하리’라는 시가 떠올라 몇 번이고 읊었다.

계곡에서 나와 몸을 닦다가 깜짝 놀랐다. 오른쪽 상반신이 셀 수 없을 만큼 유리에 베인 상처투성이였다. 내가 직접 보고 보니 그제야 통증이 느껴졌다. 피범벅이 된 옷을 빨아 바위 위에 널어 두고, 마를 때까지 녹음 아래에서 잠을 잤다. 처음으로 숙면의 쾌감을 맛보았다. 잠에서 깨어나 보니 간호사들도 코를 골며 자고 있었다. 다들 지친 모양이다.

저녁부터 방문 진료를 시작했다. 마을회장인 오카무라 씨를 찾아갔더니 본인이 중상으로 누워 있었던 탓에 어느 집에 얼마나 많은 부상자가 있는지 알 수 없다고 했다.

"우라카미에서 피난 온 사람들이 백 명 넘게 우리 집에 있습니다."

농가인 다카미 씨 집에 가보니, 아주머니가 연신 땀을 닦고 호박을 썰면서 말했다. 준신여학교 교장 선생님을 비롯한 수많은 부상자가 모기장 안에 누워 있다. 죽어가는 사람이 계속 늘어나서 아저씨가 아침 일찍부터 무덤을 파러 나갔다고 한다. 부상자들은 이곳으로 옮겨져 온 채 치료는 전혀 받지 못한 상태였다. 상처 위에 있는 대로 천 조각으로 감아 놓았을 뿐, 대부분은 이미 상처가 곪아 들러붙은 천을 벗기자마자 썩는 냄새와 함께 고름이 흘러나왔다. 상처 주변까지 크레솔로 닦아내어 살펴보았다. 상처 안에 커다란 유리 파편, 쇳조각이나 콘크리트 조각이 박혀 있다. 수많은 환자를 봐와 익숙한 우리조차 소름이 끼쳤다. 한 사람에게 이런 상처가 10개, 20개나 있다니. 너무나 끔찍했다. 110군데나 상처가 있는 사람도 있었다.

상처를 닦아내고, 이물질을 제거하고, 봉합하고, 약을 바르고, 붕대를 감기까지 한 명의 환자에게 걸리는 시간은 상당했다. 열상도 참혹했다. 피부가 크게 벗겨져 새빨간 피하 조직이 처참하게 드러났다. 대부분은 얼굴과 가슴, 팔에 열상을 입었다. 얼굴에 열상을 입은 환자는 얼굴이 괴물처럼 부어올라 말하기를 몹시 힘들어했다. 상처에 기름을 바른 환자도 있었는데, 이는 구호 훈련 때도 가르치고 배운 응급 처치로 경과도 좋았다. 하지만 감자를 갈아 바르거나, 호박이나 진흙을 덮은 경우도 많아 참혹하다. 상처를 소독해서 로쿠마이이타 광천수로 온찜질을 하게 했다. 한 집을 마치고 밭길을 따라 옆집으로 가면 모기장부터 보였다.

'여기도 부상자가 많구나.'

마음을 다잡는다.

밤 10시, 이누츠키 지역을 모두 다닌 후 살무사들을 경계하며 산길을 따라 후지오 본부로 향했다. 풀숲은 이미 이슬에 젖었고, 꾀꼬리들이 계곡을 사이에 두고 울어댔다. 북두칠성은 어느새 기울어 미츠야마 산 위로 전갈자리가 넓게 뻗어 있다. 어젯밤 방공호에서 올려다본 안타레스는 불길한 붉은 빛이었는데, 오늘 밤 이 고요한 계곡 사이에서 바라보니 친근하게 느껴진다. 일행은 모두 말이 없다. 죽은 친구들이 그리워진다. 살아남아 이렇게 외줄기 밭길을 가는 동료들도 한 명 한 명 소중하다. 나는 다시 고개를 들어 처녀자리를 찾았다. 맑고 푸른 그 소박한 빛을 향해 간호사들의 명복을 빌었다.

8월 13일.

오늘도 맑고 덥다. 6시에 계곡으로 내려가 세수를 하고 그대로 로쿠마이이타 지역으로 갔다. 이날 로쿠마이이타, 아카미즈, 돗포미즈, 오토리세 지역을 걸어가는 8킬로미터 여정이라 아침 식사 전에 한 지역이라도 끝내려고 일찍 나섰는데, 도착해보니 예상보다 부상자가 많았다. 구호대가 왔다는 소식을 듣고 환자들이 끊임없이 모여들어 결국 10시가 되어서야 끝났다.

농가인 마츠시타 씨 집에서는 어느새 아침 식사를 준비해놓고 있었다.

"이쪽으로 오세요."

마츠시타 씨 내외가 차려준 밥상 앞에서 우리는 놀라고 미안했다. 김이 모락모락 나는 밥을 보자 저절로 눈물이 흘러내렸다.

'살아 있자, 살아 있기만 한다면.'

"힘내서 마을 사람들을 도와주셔야 하니까 많이 드세요. 아침도 드시지 못하셨으니 점심까지 두 끼 드신다고 생각하시고 많이 드세요."

우리는 진심으로 든든하게 배를 채우고 그곳을 떠났다.

아카미즈 지역을 마치고 나가려는 순간 엄청난 폭발음이

들렸다. 일행 모두 바위 뒤에 숨었다. 다시 섬광이 빛나면 끝이다. 제발 아니길, 빛나지 말기를 기도했다. 예전의 폭탄이나 기관총 사격은 방심만 하지 않으면 피할 수 있지만 원자폭탄은 대책이 없다. 언제 어디서 터질지 예측할 수 없다. 섬광이 번쩍이는 순간 반경 수 킬로미터 이내의 살아 있는 모든 생명체가 사라진다. 예민해질 수밖에 없다.

폭음이 멀어졌다. 일행은 다시 길 위로 나왔다. 길 위에 그림자가 생기지 않도록 길에서 떨어져 일렬로 조심스럽게 걷고 있다. 우리는 모두 집과 가족을 잃고, 입을 옷도 없고, 돌봐줄 혈육마저 잃은 사람들뿐이다. 폐허에서 탈출한 그대로 비참한 모습으로 순회 진료를 하고 있다. 모르는 사람이라면 누가 교수이고 간호사이고 의대생이라고 생각할까? 피로 물든 머리에 붕대를 감은 사람, 절뚝이며 걷는 사람, 걸을 때마다 숨이 가쁜 사람, 방사선에 노출되어 얼굴빛이 창백한 사람, 안경을 잃어버려 바로 앞도 제대로 보지 못해 비틀거리는 사람, 지팡이를 짚은 사람, 동료의 부축을 받는 사람, 해진 신발이나 고무장화를 신은 사람, 피 묻은 바지와 찢어진 옷을 입은 사람. 그 와중에도 위장한다고 철모에 풀까지 꽂고 있다.

"처량하다……."

조로가 중얼거린다.

"좋은 세상이었다면……."

나가이가 한숨을 내쉰다.

패잔병의 모습 그대로다. 그럼에도 우리는 여전히 대학의 일원이다. 진리 탐구의 일념과 환자를 구하겠다는 의지로 작열하는 태양과 불타는 폭음 아래에서 부상자를 찾아가는 우리는 대학의 일원이다. 진리 탐구야말로 우리의 생명이다. 그 마음만 간직한다면 비참한 겉모습 따위는 문제가 되지 않는다. 인류의 머리 위에 처음으로 원자폭탄이 터졌다. 어떤 증상을 일으킬지 아무도 모른다. 지금 우리가 진료하는 환자의 증상이야말로 의학 역사에서 완전히 새로운 자료다. 이를 외면하는 것은 자기 태만에 그치지 않는다. 그것은 귀중한 연구를 포기하는 것이며, 과학자로서 용납할 수 없는 일이다.

우리도 이미 원자병 징후를 느끼고 있기에 안정을 취하지 않으면 증상이 심해져 죽음에 이를지, 죽지는 않더라도 중태에 빠질지도 모른다. 그럼에도 학문적 양심은 환자를 진료하라고, 정확하게 관찰하고 실태를 파악하라고, 치료법을 찾아내라고 끊임없이 다그치고 격려한다. 수술 장비도 없고 검사 도구도 없다. 종이도 연필도 잃어버렸다. 겨우 메스와 핀셋, 봉합 바늘, 그리고 약간의 소독약과 붕대 재료를 쓸 천이 대나무 장바구니에 들어 있을 뿐이다. 하지만 우리에게는 두뇌가 있고, 눈이 있고, 손이 있다. 우리는 분명 무엇인가를 얻을 것이다.

"전투기가 다가온다, 엎드려!"

서둘러 억새밭에 엎드리자 개미들이 놀란 듯 허둥지둥 눈앞의 억새 잎으로 기어오른다.

"머리 위로 지나갔다, 출발!"

비틀거리며 일어나 다시 길을 서두른다. 태양은 머리 위에서 뜨겁게 내리쬔다.

"또 폭탄! 전투기! 바위 뒤로 숨어!"

"약병 조심해!"

숨고 달리고 지쳐 나무 밑에 쉬다가 시계를 보고 이러고 있을 수는 없다며 다시 일어섰다. 땅을 디딜 때마다 발바닥 통증이 심해졌다. 자갈길을 한 지역에서 다음 지역으로 옮기는 데 오랜 시간이 걸렸고, 몸도 마음도 지쳐갔다.

환자는 예상보다 훨씬 많았다. 환자가 없는 집은 없었다. 어디 사람인지 알 수 없지만 뛰어 달려와 쓰러지는 바람에 돌보고 있다는 사람도 있었다. 대나무 숲에 거적을 깔고 누워 있는 사람도 있었다. 붕대는 다 떨어졌다. 간호부장과 츠바키야마가 8킬로미터나 떨어진 대학까지 보급받으러 갔다.

"원자폭탄이 또 떨어지면 이제는 정말 이별이네요."

농담인지 진심인지 모를 인사를 하고 골짜기를 내려간 츠바키야마는 저녁 무렵에 애타게 기다리던 우리 앞에 가득 찬 바구니와 건강한 모습으로 돌아왔다. 오오이시 간호사도 함께 왔다. 오오이시는 오빠의 전사 공보가 와서 8월 9일에 고향으로 돌아갔는데, 학교가 공습받았다는 소식을 듣자마자 구호 활동을 돕기 위해 달려왔다.

"교수님들의 유골이라도 찾고 싶었어요."

오오이시가 눈물을 흘렸다.

오오이시가 새롭게 합류하자 진료 활동은 활기를 띠어 밤 10시까지 예정된 지역을 전부 돌고 후지오에 돌아와 화로에 불을 피우고 감자와 호박을 삶았다. 화로를 둘러싸고 앉아 오늘 진료한 환자들의 증상을 검토했다. 중증 방사선 중독 증상이 소화기관에서 먼저 나타난 것으로 보인다. 입 주변에 농포진이 생기고 구내염이 발생한 환자는 지금까지 본 적 없는 경우였다. 화로에 장작개비를 넣으며 활발한 토론을 벌이는 동안 어느새 감자와 호박이 맛있게 수증기를 내뿜기 시작했다.

8월 14일.

아제벳토, 가와토코, 도비다, 오다니 지역으로 9킬로미터를 걸었다. 꼬불꼬불한 길은 아니었지만 산비탈을 오르고 골짜기로 내려가며 점점이 흩어져 있는 집들을 찾아갔다. 외딴집을 가기 위해 높은 산을 오르려니 발걸음이 무거웠다. 하지만 그 집에 귀중한 증례가 있다면 놓쳐서는 안 될 일이다. 나는 지팡이를 쥔 손에 힘을 주고 한 걸음 한 걸음 내디뎠다.

집에 도착하자 가족들이 기쁘게 맞아주었다.

"의사 선생님이 오셨으니 이제 살 수 있겠네요."

환자는 불편한 손을 움직여 붕대를 풀기 시작했다.

"변변치 않지만 차 한 잔이라도 괜찮으신지요?"

곧바로 부엌에서 찻잔 소리가 들린다.

학문을 위해, 환자를 살리기 위해, 그리고 가족의 기뻐하는 모습이 좋아서 순례하듯 마을을 돌아다녔지만 석양이 붉게 빛날 때가 되자 공복과 피로와 동통으로 모두 기진맥진했다. 2명씩 손을 잡고 말을 거는 사람도 없이 석양이 지는 산길을 걷는다. 그때 갑자기 조로가 방귀를 뀌었다.

"호호호호."

간호부장이 큰 소리로 웃으며 도망간다.

"이런!"

츠바키야마가 눈을 흘긴다.

"괜찮아. 로켓 추진기 같은데. 이 기세로 전진하는 거야."

조로가 아무렇지도 않게 말하면서 다시 방귀를 뀐다. 이번에는 소리가 별로 크지 않다.

"과산화수소가 불순한가 보네요."

나가이가 놀렸다.

"제조기는 아직 괜찮은데 원료가 부족해서 그래."

조로가 응수할 때마다 다들 크게 웃고 나니 발걸음이 어느새 가벼워졌다.

초저녁달이 희미하게 걸려 있었다.

"해는 지고 길은 멀고……."

세이키 교수가 혼잣말한다. 그때 아까부터 상태가 좋지 않던 내 오른쪽 다리가 경련을 일으켰다. 나는 쿵 하고 엎어졌다. 일행이 마사지해준다. 달은 기울고 주변은 더 어두워졌다. 지나가는 사람도 없다. 후지오까지는 3킬로미터나 남았다. 30분쯤 지나자 다행히 근육이 부드럽게 풀렸다. 나는 하시모토 간호사의 어깨에 기댄 채 절뚝이며 걸음을 옮겼다. 1킬로미터를 가자 이번에는 하시모토 간호사가 비틀거린다. 츠바키야마와 오오이시가 하시모토를 부축하고, 나는 조로에게 업혔다.

간신히 다카미 씨 집에 도착한 우리는 잠시 지친 몸을 쉬기로 했다.

"아이고, 이렇게 늦게까지."

아주머니가 곧바로 저녁을 차려주었다. 사양할 여유가 없는 처지였다. 목이 메고 기침하면서도 밥과 호박과 감자와 매실을 입속에 밀어 넣었다.

8월 15일.

성모승천 대축일이었다. 기바 성당의 새벽 미사는 전투기 폭음을 상공을 지나가는 바람에 중단되었고, 시미즈 신부님은 서둘러 성체를 방공호로 옮겼다. 우리는 곧바로 이누츠기 지역에서 진료를 시작했다. 오늘은 마침내 체력이 바닥닌 느낌이었다. 어쩌면 우리가 가장 위급한 환자가 아닐까 싶을 정도였다. 환자들은 이렇게 말을 많이 하는데 우리는 대답 하나 하는 것조차 버거울 정도였다. 죽어가는 사람들이 끊이지 않는다. 오늘쯤이 부상자들의 고비인 듯했다. 전쟁 중이다, 힘내자고 서로를 격려했다.

아침 일찍 대학 본부에 식량 보급을 나갔던 조로가 저녁이 되기도 전에 허둥지둥 달려왔다. 우리는 쌀과 미소와 통조림을 보고 들떴지만, 조로의 입에서 나온 말에 다들 충격을 받았다.

"전쟁이 끝난 것 같습니다!"

"그럼 조건은?"

"무조건 항복. 포츠담 선언 전면 수락."

그 말에 모두가 침묵했다.

"거짓말이지?"

내가 말했다.

"시내는 지금 혼란 상태입니다. 거짓말이라고 우기기도 하고 누구는 사실이라면서 우왕좌왕하고. 정오에 중대 방송이 있었어요. 지직거려서 잘 알아듣지는 못했지만 중간중간 '짐은……'이라는 말이 들렸어요. 그게 폐하의 목소리라는 사람도 있는데, 헌병대가 트럭을 타고 시내를 돌면서 '정오의 방송은 적군의 거짓 선전이니 믿지 말라. 끝까지 본토 결전이다.'라고 외쳐서 영문을 알 수가 없습니다. 전쟁이 끝났다고 말했다가 곁에 있던 청년에게 맞은 사람도 있는 모양이에요."

모두 우울해졌는지 말이 없다.

'사실일까, 거짓말일까? 잘못된 정보일 거야. 아니, 어쩌면 진실일지도…….'

머릿속이 혼란스러웠다. 치료를 끝내고 손을 씻은 시각은 오늘도 10시. 조로가 가져온 통조림으로 간단하게 저녁을 먹는다. 배는 고픈데 맛이 없었다.

생명을 위하여

8월 16일.

원자폭탄이 떨어진다. 작은 우라늄 시한폭탄이다. 폭탄에서 째깍째깍 시계 소리가 들린다. 5분이 지나면 폭발할 것이다. 아무도 여기에 폭탄이 떨어진 것을 모른다. 초조해진 나는 이 것을 제거하려 한다. 다행히 손에 죽창을 들고 있다. 죽창을 힘껏 폭탄에 내리꽂는다. 죽창이 힘없이 부러진다. 옆에 죽창 이 쌓여 있다. 그것을 집어 다시 내리꽂아도 원자폭탄은 고집 센 놈처럼 죽창만 부러뜨린다. 더 초조해진 나는 기합을 넣어 원자폭탄을 찌르고 찌른다. 숨이 가빠지고 온몸이 땀에 흠뻑 젖는다. 폭탄이 터질 듯하다. 나는 공포의 나락으로 떨어진다.

쾅 하고 굉음이 난다. 섬광이 번뜩인다. 얼굴에 광선이 쏜살

같이 닿는다.

'끝이구나…….'

"교수님, 나가이 교수님! 무슨 일이세요?"

간호부장의 얼굴이 눈앞에 있었다. 하시모토가 방금 창문을 열어 내 얼굴에 아침 햇살이 내려앉았다.

"열이 심하네요."

간호부장이 내 이마에 손을 대더니 수건으로 땀을 닦아주었다. 나는 일어나려고 하다가 현기증을 느꼈고, 오른쪽 다리의 통증으로 움직일 수 없었다.

"상처가 곪았어요. 이렇게 될 때까지 왜 말씀을 하지 않으셨어요?"

간호부장이 내 다리를 살펴보더니 꾸짖었다.

"전쟁 중이어서……."

그렇게 대답은 했지만, 오늘은 일어나지 못할 듯하다. 동료들은 내 상처를 치료해주거나 주사를 놓아준 후 가와히라 마을 쪽으로 진료를 나갔다. 츠바키야마 간호사가 정확한 정보를 얻기 위해 시내로 내려갔다. 나는 혼자 끙끙 앓다가 잠이 들었다.

"교수님!"

츠바키야마가 돌아와서 어두운 표정으로 신문 한 장을 내게 건넸다. 나는 신문을 받다가 기어이 보고 말았다. 보지 말아야 할 글자, 보아서는 안 될 문장. 최근 몇 년간 보지 말아야 한다고 싸워 온 문장이었다.

"종전을 결단하다."

일본이 패했다.

나는 소리 내어 울었다. 눈물이 넘쳐 귀로 흘러들었다. 아이처럼 울고 또 울었다. 눈물은 말랐고, 울음은 멈추지 않았다. 츠바키야마도 바닥에 엎드린 채 어깨를 들썩이며 울었다. 이른 저녁, 진료하러 나갔던 동료들이 돌아왔다. 그들의 얼굴을 보자마자 나는 다시 울음을 터뜨렸다. 모두 손과 손을 맞잡고 울었다. 해가 지고 달이 뜰 때까지 모두 울음을 멈추지 않았다. 아무도 밥도 짓지 않고, 아무 말도 없이 눈물에 잠긴 채 우리는 하염없이 울다가 피로가 한꺼번에 밀려와 잠 속에 빠져들었다.

8월 17일.

나라가 망해도 산과 강은 그대로다.

장지문을 열고 산을 바라보았다. 미츠야마는 여전히 그 모습 그대로 태연했다. 흰 구름이 오가는 것조차 신경 쓰지 않았다. 흥망성쇠 또한 헛된 꿈에 지나지 않을까? 신이 지켜주리라는 확고한 신념은 순식간에 무너져내렸고, 맑은 아침 하늘은 미국 군용기가 제집처럼 드나드는 것을 탓하지 않았다. 그루먼이 지나가고 록히드가 지나갔다. 전투기들은 저공비행을 하며 관광이라도 즐기는 듯 돌아다녔다. B29의 거대한 덩치가 미츠야마 산을 스치듯 지나갔다.

이제 전쟁은 끝났다. 우리는 패배했다. 오늘은 아무것도 하지 않고 잠만 자며 지내기로 했다. 아침 식사를 끝내자마자 모두 멍하니 구름을 보고, 숲을 보고, 비행기를 보기만 했다. 정말 아무것도 하고 싶지 않았다. 밥그릇도 접시도 그대로 화로 옆에 놓아둔 채였다.

환자를 봐달라는 사람이 찾아왔지만 나라가 망했는데 무슨 환자가 있겠는가. 오늘은 온 국민이 울고 신음하고 있다. 이 시국에 한두 명 환자의 생사가 문제 될 리가 있겠는가. 그런 환자를 도운들 일본이 다시 일어설 리 있는가. 무심하게 거절해버렸다. 오늘은 모두가 무슨 일이 생기면 싸움을 걸고 싶어질 기세였다.

"아, 죄송합니다."

환자를 봐달라는 사람이 눈치를 챘는지 힘없이 말하며 돌아갔다. 나는 누운 채로 그 쓸쓸한 뒷모습을 가만히 바라보기만 했다.

'아니다, 아니다. 이건 아니다.'

나는 결국 일어나 하시모토 간호사에게 방금 간 사람을 다시 불러오라고 부탁했다. 이대로 주저앉아서는 안 된다. 한 사람의 소중한 생명이라도 구해야 한다. 나라는 패했더라도 환자는 살아 있다. 전쟁은 끝났어도 의료구호대의 임무는 남아 있다. 나라가 망해도 의학마저 무너지면 안 된다. 우리의 임무는 지금부터다. 국가의 흥망과 상관없이 개인의 생사야말로 우리가 해야 할 일이나. 본래 적십사에는 적과 아군의 구별이 없다. 일본이 개인의 생명을 너무나 함부로 다룬 탓에 이런 비참한 꼴이 된 것 아닌가. 생명 존중의 초석은 어디도 아닌 이곳에서 세워야 한다.

이기기 위해 당한 부상인데 결국은 지기 위해 부상을 당한 꼴이 되어버린 사람들이야말로 가장 잔혹한 비탄의 심연에 던져졌다. 이들을 위로하고 구해줄 사람은 여기밖에 없다. 일어서지 않으면 안 된다면서 나는 비틀비틀 일어났다. 그러자 내 마음을 아는지, 아니 다들 내 마음인지 다들 일어났다. 우리 사이에 다시 활기가 차올랐고, 얼굴에 긴장감이 감돌았다. 전쟁 중이니 무슨 일이 있어도 버티라고 강요당해 움직이는 것이 아니다. 지금 생명을 구할 사람은 우리밖에 없다며 스스로 나선 것이다. 몸은 지칠 대로 지쳤고, 치료를 게을리하지 않았는데도 한 걸음 한 걸음마다 상처의 통증이 전해진다.

파란 별 마크가 선명한 전투기가 머리 위를 스쳐 지나갔다. 하지만 오늘은 아무 일도 일어나지 않았다. 우리는 무리 지어 당당하게 길을 걸었지만, 미군기가 지날 때마다 무력감을 느꼈다.

8월 18일.

연합군이 상륙했다. 부녀자는 숨어 있어야 한다는 소문이 퍼졌고, 가재도구를 짊어진 사람들이 당황해서 달려갔다. 슬프기도 하고 우스꽝스럽기도 하고, 뭐라고 표현할 수 없는 모습이었다. 그 후 몇 주간 혼란은 우리 주변을 휘감았다. 하지만 우리에게는 더는 빼앗길 재산이나 가족도 없었고 구해야 할 수많은 부상자와 환자들뿐이었다. 오로지 순회 진료를 계속할 뿐이었다.

동해에서 떠오른 아침 햇살이 비치고 구름 위로 우뚝 솟은 후지산. 그것으로 상징되던 일본은 멸망했다. 민족은 나락으로 떨어졌다. 우리는 살아남아 수치스러울 뿐이었다. 원자폭탄으로 세상을 떠난 동료들이 오히려 낫지 않을까. 우리의 내적 고통은 깊었다. 우리는 달 밝은 날에는 숲으로 가고, 동백

나무에 빗방울이 떨어지는 밤에는 화로를 에워싼 채 우리가 가야 할 길은 어디인지 이야기를 나누었다. 이야기는 언쟁으로 이어지기도 했지만, 날이 밝으면 속세의 혼란을 잊은 채 여전히 한 사람의 생명을 구하는 데 전념했다.

그 무렵부터 무시무시한 원자병이 환자들 사이에서, 건강했던 난민들 사이에서, 그리고 우리에게도 잇따라 나타났다. 어떤 증상은 예전에 방사선 실험에서 예상된 것이어서 오히려 우리의 예측이 적중했다고 자랑하고 싶어질 정도였다. 하지만 일부는 예성하지 못한 시기에 갑자기 다발적으로 나타나서 우리를 당황하게 했다. 이 때문에 우리는 10월 8일까지 두 달 동안 미츠야마에 머물면서 구호 활동을 이어갔다.

구호대원이 잇따라 병상에 쓰러졌다. 원자폭탄으로 인한 부상과 과로, 영양부족으로 우리의 체력은 극도로 쇠약해졌다. 시 교수는 백혈구 수치는 절반으로 줄어들었고, 모리우치는 출혈이 발생했다. 간호부장은 머리카락이 빠졌다.

아픈 동료들을 본부에 남겨 두고 방문 진료를 나갔다. 진료에서 돌아온 구호대원들은 밤을 새워 동료를 간호했고, 날이 밝으면 다시 무더운 골짜기를 넘어 집에서 집으로, 지역에서 지역으로 8킬로미터를 돌아다니면서 진료했다. 병상에 누워 있던 사람이 겨우 회복해 일어날 때면 그를 간호해주던 동료가 열이 나서 쓰러졌다. 간호해주던 사람이 간호받고, 주사를 놓아주던 사람이 주사를 맞았다. 동료가 목마르다고 하면 멀리 계곡에서 맑은 물을 길어다 주고, 입맛이 없다고 하면 환자가 준 과일을 주머니에 넣고 돌아왔다. 주사약을 구하러 왕복 8킬로미터 산길을 걸어 나가사키 시내까지 갔다.

9월 20일.

내 상태가 절망적일 만큼 위독해졌다. 원자병이 발현되어 일주일 동안 고열이 계속되는 중에 산꼭대기 촌락인 도비타에서 계속해서 왕진을 요청해왔다. 지금 내 상태로 그곳에 가는 것은 자살행위였지만, 이름 없는 한 생명을 살리는 것이 진정한 희생이라 생각하며 길을 나섰다. 하지만 몸은 따라주지 않았다. 다리가 말을 듣지 않아 도중에 있는 가와토코 마을의 수도원 방공호에서 쉬어야 했다. 무리하지 말라는 수도원장님의 꾸지람을 뒤로하고, 간신히 왕진만 마치고 밤늦게 집에 도착하자마자 쓰러졌다. 그 후로 병세가 급속히 나빠졌다. 혼수상태에서 깨어나 보니 호흡이 이상했다. 스스로 호흡 소리를 들어보니 체인 스토크스 호흡이 아닌가. 임종 몇 시간 전부터 시작되는 특별한 호흡.
"체인 스토크스라니……."

머리맡에는 도미타 교수가 앉아 있었다. 도미타 교수는 원래 연구 중 강의실에서 소집되었는데, 어떻게 여기까지 왔을까? 교수는 난처한 표정이다.

"먼 곳에서 오시게 해서 죄송합니다."

나는 손을 뻗었다. 간호부장의 얼굴이 보였다.

"교수님, 괜찮으니까 가만히 계세요."

간호부장이 힘주어 말하며 팔에 주사를 놓았다. 통증의 느낌으로 보아 콜라민인 것 같다. 질병 말기의 환자에게 사용하는 이 약이라면 맥박도 약힐 것이다. 문득 불안감이 밀려온다. 하지만 간호부장이 괜찮다고 했으니 괜찮겠지. 고개도 움직일 수 없고 눈도 뜨기 힘들지만, 여러 사람이 모여 수군거리거나 수런거리는 듯한 기분이 든다.

"시 교수님은?"

나는 뭔가 의기소침해져 시 교수를 찾았다.

"지금 잠시 자리를 비우셨는데, 곧 돌아오실 거예요."

간호부장이 대답했다.

"그래요?"

나는 되묻고는 다시 혼수상태에 빠져들었다. 시 교수는 이때 나를 구하고 싶은 일념으로 고야노 교수를 찾아가고, 시라베 교수를 수소문했고, 가게우라 교수의 소견을 듣는 등 온갖

지혜와 약품을 얻으려고 아침부터 저녁까지 뛰어다녔다. 내 증상을 들은 교수들은 절망적이라고 대답했다고 한다. 내가 혼수상태에 빠져 있는 동안 동료들이 내 한목숨을 구하기 위해 헌신하고 있었다.

다시 정신이 든 오후에 다카와 신부님께서 오셨다. 나는 마지막을 각오했다. 언제 죽어도 좋다는 마음이었다. 내 동료들이 모두 내 곁에 있었다. 그들이 너무나 고마웠다. 다시 경련이 일어나면 끝이다. 심장은 이미 고통스러워하고 있었다. 장지문이 열려 있었다. 삼위일체를 상징하는 마츠야마 산이 아무 일도 아니라는 듯이 서 있었다. 하늘은 이미 초가을답게 맑게 개어 있었다.

"빛나는 햇살 속에 가을 구름은 저 멀리 사라지니……."

나는 이 말을 남기고 그대로 마지막 혼수상태에 빠져들었다. 그로부터 일주일 후, 내가 위독 상태에서 벗어났을 때 다들 기적이라고 말했다.

우리의 동료애는 얼마나 깊을까. 밤이면 석유등에 불을 밝히고 벌레 우리 소리를 들으며 죽은 동료들의 명복을 빌었다. 다카미 씨가 감을 받으면 이노우에의 동그란 눈이 떠오르고, 하라다 씨가 찹쌀떡을 가져오면 하마 간호사가 그리워졌다. 바구니 장사 아주머니가 꽈리를 영전에 올리면 야마시타의 빨간 코가 눈에 선했고, 마츠시타 씨에게 감자를 얻어 오면 고나야기와 요시다 간호사가 그때 운동장 감자밭에 가지 말라고 했다면 하고 후회했다. 후지모토, 가타오카, 오자사가 우리와 함께 이렇게 밥을 먹고 있다면 얼마나 좋을까 싶어 눈시울이 붉어졌다.

아내의 묵주

　나는 대학을 졸업하고 3년째 되는 해에 결혼했다. 당시 조수로 있으면서 월급은 40원을 받았다. 만주사변 당시로 물가는 싼 편이었지만 그 돈으로 살림을 꾸려가기란 여간 어려운 일이 아니었다. 하지만 아내는 단 한 번도 나를 불평하지 않았다.

　아내에게 옷 한 벌 사주지 못했고 극장에 간 일도 없었다. 외식하러 간 일도 없었다. 나들이라고 해보았자 일 년에 단 한 번, 바다에 간 것이 고작이었다. 나는 연구실에 틀어박혀 지냈고, 그런 나를 대신해 아내는 집안일을 챙겼다. 이렇게 7년간 매달 40원으로 생활했다. 사정이 이렇다 보니 가족의 옷은 모두 아내가 직접 만들었다. 내 양말부터 셔츠까지 모두 아내가 정성 들여 만든 것이었다.

"교수님은 낮에도 사모님 손길에 안겨 있네요."

이런 나를 보고 연구실의 간호사가 놀릴 정도였다.

아내는 화장도 하지 않았다. 향수도 손쉽게 살 수 있고 거리에는 유한마담이라고 불리는 화려하게 차려입은 이들이 활개를 치던 당시였지만 나는 아내의 화장품을 전혀 보지 못했다. 썩어서 버릴 정도로 먹을 것이 흔한 세상에 아내는 사소한 것이라도 모아두었다.

"나중에 쓸모 있을시 모르잖아요."

아내는 볕이 좋은 날에 거름통을 짊어지고 밭에 나가 일했고, 비가 오는 날에는 바느질과 뜨개질을 하며 잠시도 쉬지 않았다. 우라카미 지역 부인회 회장까지 맡고 있었다. 그보다 힘든 것은 나의 아내라는 일이었다. 반미치광이 같은 남자의 시중을 들기가 얼마나 힘들었을까.

새로운 연구에 착수하면 나는 이전과는 전혀 다른 사람으로 변한다. 연구 주제에 정신을 빼앗겨 며칠이고 도서관에 틀어박혀 필요한 자료를 조사한다. 그것을 정리해서 새로운 가설을 구상하고, 실험 장치를 만들고, 실험에 착수한다. 결과를 정리해서 논문을 쓰고 교정보기까지 몇 개월을 그 연구에 몰두한다.

　이러는 동안 연구 이외의 일은 머릿속에 들어오지 않는다. 말을 걸어도 대답을 하는 둥 마는 둥, 밥상 앞에서 밥을 먹는 둥 마는 둥 한다. 아이가 울면 무섭게 노려본다. 하지만 내가 무슨 말을 했는지, 무엇을 먹었는지, 무슨 짓을 했는지 전혀 기억나지 않는다.

　내가 연구실에서 돌아오는 길에 아내와 마주친 일이 두 번이나 있었다고 한다. 그때마다 나는 아내를 알아보지 못하고 지나갔다. 그럴 때의 나는 정신이 나간 사람 같아서, 허공을 쏘아보면서 무언가 계속 중얼거렸다고 한다. 아내는 그런 내가 얼마나 무서웠을까.

　"허, 내가 그랬나?"

　"몽유병자를 간호하는 것 같아요."

　아내는 가만히 웃었다.

　꼭 의논해야 할 중요한 집안일이 생겨도 나 몰라라 하기 일쑤였다. 아내는 그런 나의 빈자리를 채워주었다. 내가 더 산만해지지 않도록 꼼꼼하게 챙겼고, 연구하는 나를 위해 영양가 있는 음식을 준비해주었다. 내가 넥타이를 매지 않은 채 밖에 나가는 일이 잦아 옷차림도 신경 써 주었다. 방 안에 가득히 늘어놓은 조사 카드와 노트, 책, 사진, 메모 등은 치워야 할지 그대로 둘지 구분할 수 없어서 정돈하기도 어려웠는데, 아내에게 부탁하자 아내는 그날 깨끗하게 정리해주었다. 나라면 한 달이 지나도 엄두가 나지 않는 일이었다. 아내는 들쭉날쭉한 내 귀가 시간에도 아무런 불평이 없었다.

이런 아내의 노고에 대한 나의 보답은 학술지에 실린 내 논문을 보여주는 것이 전부였다. 남들 같으면 대충대충 넘기다가 하품이나 하고 내버릴 학술지를 아내는 단정하게 고쳐 앉아 정성스럽게 페이지를 넘겼다.

다른 글도 그렇지만, 내가 쓴 글들은 전문용어로 가득 차 읽은들 무슨 내용인지 이해할 수 없었을 것이다. 그것은 몇 페이지에 불과한 짧은 논문이지만, 그 안에 남편의 생명과 숨결이 가득 스며 있다는 것을 아내는 너무나 잘 알고 있었다. 아내는 눈시울까지 적시면서 내 논문을 읽었다. 어린 것을 안고서 그런 아내를 바라보고 있으면 따뜻함이 샘솟는 듯했다.

우리 가족의 가장 행복한 시간은 일요일 아침에 다 함께 성당으로 미사 드리러 갈 때였다. 나는 큰아이의 손을 끌고 아내는 작은아이를 업고, 언덕 위에 있는 빨간 벽돌 성당으로 향했다. 종루에서는 우리를 부르는 종소리가 맑고 부드럽게 울려 퍼진다. 이 집 저 집에서 깨끗한 옷으로 갈아입은 사람들이 밝은 표정으로 같은 길에 함께한다.

스테인드글라스를 통해 비치는 아침 햇살의 물결 속에 나와 아내의 목소리, 더듬거리는 아이들의 목소리, 그리고 옆에 앉은 늙은 농부의 탁한 목소리도 하나가 되어 하늘에 계신 우리 아버지를 찬송한다. 하지만 그런 행복한 날은 이제 다시는 오지 않는다.

나는 친한 사람이 별로 없고, 친한 이들도 모두 나와 비슷한 처지의 가난한 학자들이다. 해부학과의 나카무라 조교수도 그들 중 한 명이다. 어느 여름밤이었다. 좁은 마당에 앉아 달빛을 올려다보는 중에 그가 불쑥 찾아왔다.

그는 내 앞에 앉자마자 도롱뇽 알 이야기를 꺼냈다. 이런 일은 우리 집에서 흔한 일이었다.

그는 처녀생식을 실험하고 있었다. 작년에 참개구리 알 실험에서는 성공을 거두었다. 알의 어느 극을 백금 바늘로 가볍게 찔러 기계적 자극을 주면 처녀생식을 유도할 수 있는지 알아냈다. 알은 정상적으로 분할을 시작하고 차츰 성장해서 정상적인 개구리가 되었다. 올해는 도롱뇽 알로 실험하는 중이었다. 그는 이마저 성공하면 다음에는 포유류로 해보고 싶다고 했다.

아내가 우리 사이에 오이와 토마토가 든 접시를 내놓았다. 나카무라는 그것을 보자마자 왼손에 토마토를 올려놓고 오른손에 오이를 쥐고 난자와 정자로 가정해서 서로를 바짝 갖다 댔다가 떼었다가를 반복하면서 설명했다. 그러고는 이것들을 베어먹어 난자도 정자도 그의 위장 속으로 사라졌다.

아내는 언제나처럼 안방에서 셔츠를 다림질하면서 두 사람의 이야기에 귀를 기울였다. 느닷없이 나카무라가 안방에 있는 아내에게 말했다.

"사모님, 머지않아 아이를 넣는 데는 님편이 필요 없을 것 같아요."

아내는 웃으면서 대답했다.

"그런가요. 그렇다고 해도 부부의 목적이 아이를 낳는 일만은 아니겠죠."

이 대답을 들은 나카무라가 빙긋 웃었다.

나는 조교수가 되어 월급이 100원으로 올랐다. 아내는 그것으로 겨우 한시름 놓았다. 머지않아 큰아이가 초등학교에 다니게 되면 40원으로는 어림도 없었을 것이다. 하지만 우리에게는 아직 극장 한 번 같이 갈 여유가 않았다.

그로부터 5년이 흘렀다. 나는 연구실에서 오랫동안 몰두하고 있던 방사선에 피폭되어 백혈병에 걸리고 말았다. 살 날이 몇 년 되지 않는다는 진단을 받던 날, 나는 아내에게 사실대로 이야기하고 앞으로의 일을 의논했다. 그때 아내는 놀라는 기색 없이 내 말을 조용히 듣기만 했다.

예상했던 대로 아내는 침착했고, 그런 태도에 나는 안심이 되었다. 우리는 진작부터 각오하고 있었다. 이런 아내라면 내가 죽은 후에도 아이들을 훌륭하게 키우겠다 싶었다. 아내 덕분에 나는 뒷일에 대한 걱정 없이 연구를 마무리 짓는 일에 몰두했다. 아내는 이전보다 더 깊은 애정으로 나를 위로해주었다. 나의 병세가 점점 악화되어 공습경보가 울릴 때 무거운 철모를 쓰면 다리가 휘청거릴 정도였다. 한번은 아내의 등에 업혀서 출근하기도 했다.

8월 8일 아침, 아내는 여느 때와 다름없이 웃는 얼굴로 나를 배웅했다. 길을 가다가 도시락을 잊은 것이 생각나서 급히 집으로 되돌아갔다. 그때 나는 뜻하지 않은 장면을 보고 말았다. 아내가 현관에 엎드려서 울고 있었다. 그것이 아내의 마지막 모습이었다.

그날 밤, 나는 방공 담당이어서 연구실에서 잤다. 다음날인 8월 9일, 원자폭탄이 우라카미 상공에서 폭발했다. 나는 관자

놀이에 중상을 입었다. 순간 아내의 얼굴이 떠올랐지만, 환자들을 구호해야 했다. 그리고 5시간 후 출혈 과다로 쓰러졌다. 그때 아내의 죽음을 직감한 것은 아내가 내 앞에 나타나지 않았기 때문이다. 우리 집에서 대학까지 1킬로미터밖에 되지 않는다. 기어 온다고 해도 5시간이면 충분한 거리였다. 아무리 큰 상처를 입었다고 해도 목숨이 붙어 있는 한 이곳에 올 아내였다.

사흘째 저녁, 사상자 처리가 어느 정도 일단락되어 집에 돌아갈 수 있었다. 황혼 무렵, 눈에 보이는 것은 모두 잿더미였다. 그리고 마침내 나는 보았다. 부엌이 있던 자리에 남아 있는 검은 덩어리를……. 그것은 타다 남은 골반과 허리뼈였다. 십자가가 달린 아내의 묵주가 그 곁에 있었다.

타다 남은 양동이에 아내의 뼈를 주워 담았다. 아내는 여전히 따뜻했다. 나는 그것을 가슴에 안고 무덤으로 갔다. 사람들은 모두 죽어버렸다. 노을이 깔리는 잿더미 위에 아내의 것과 같은 검은 뼈들이 점점이 보였다.

'아내가 내 뼈를 안고 갈 예정이었는데…….'

운명은 알 수 없었다. 아내가 내 유골을 안고 가리라 생각했던 길을 내가 아내의 유골을 안고 걷는다. 내 품에서 아내가 말하고 있다.

“덜그럭덜그럭.”

아내의 뼈가 부딪히는 소리다. 내게는 그 소리가 이렇게 들렸다.

“미안해요, 미안해요, 여보…….”

3장

종은 다시 울려 퍼지고

그래도 살아야 한다면

원자핵이 분열할 때 발생하는 방사선이 생물체에 미치는 영향에 대해서는 이미 각종 동물 실험과 임상 경험을 통해 많이 밝혀졌다. 단기간에 대량의 방사선에 노출되었을 때와 장기간에 걸쳐 소량의 방사선에 노출되었을의 반응은 다르지만, 어쨌든 방사선은 생체 조직 세포를 파괴하며, 그 결과 생체 조직은 활동성이 정상 범위 아래로 감소하는 퇴행변성을 일으킨다. 다만 변화가 나타나는 것은 아니라 각 장기 기관에 따라 잠복 기간이 다르다. 따라서 방사선에 노출될 당시에는 아무런 고통이나 손상도 없더라도 이후에 증상이 나타난다. 더구나 방사선이 체내로 들어올 때는 신경을 자극하지 않기 때문에 본인은 눈치채지 못하고, 증상이 나타나고 나서야 비로소 방사선에 노출되었다는 것을 알게 된다. 방사선에 저항력이 강한 장기와 예민하게 변화하는 장기가 있다. 가장 약한, 즉 현저히 손상되는 것은 골수, 림프샘, 생식샘이다.

골수는 혈구를 제조하는 기관이기 때문에 이곳이 손상되면 혈구가 생성되지 않아 백혈구와 적혈구가 감소한다. 노출 정도가 심하면 골수가 변성해서 미완성의 혈구를 혈액 속으로 보내는데, 그 결과 이상 백혈구가 증가해 백혈병이 된다. 소량의 방사선에 노출된 경우 특히 백혈병이 발생하기 쉽다. 림프샘에서 특히 취약한 곳은 편도선으로, 이 부분에 괴사가 진행되는 경우가 많다. 생식샘에 장애가 발생하면 성욕 상실, 정자 수 감소, 무월경, 불임 등이 나타난다. 유산이나 기형아 등도 나타날 수 있으며 유방도 작아진다.

다음으로 약한 것은 점막으로, 충혈과 염증 증상을 보이며 심할 때는 궤양을 일으킨다. 예를 들어 소화기 점막이 방사선에 노출되면 구내염, 위염, 장염이 발생하고, 피가 섞인 설사를 한다. 또한 모근도 손상되어 탈모가 발생한다. 하지만 이 증상은 회복될 수 있다. 폐에서는 폐렴을 일으키고, 신장은 위축된다. 부신이 손상되면 피부가 거무스름해진다. 전신 증상으로는 방사선에 노출된 후 몇 시간 만에 발생하는 방사선 숙취가 있으며, 이는 며칠 동안 지속된다. 같은 방사선에 노출되어도 젊은 사람일수록 증상이 현저하다. 젊은 사람은 죽어도 노인은 살아남는 경우가 있다.

방사선에는 일정한 치사량이 있다. 하지만 방사선 피해가 나타날 때는 세포마다 일정한 잠복기가 있어서 즉사하지는 않는다. 치사량 이상으로 방사선에 노출되는 사람은 어떤 처치를 해도 살릴 수 없다. 노출량이 많을수록 증상이 격렬하며 일찍 사망한다.

원자폭탄으로 인한 원자병은 대체로 앞에서 간략하게 설명한 과거의 방사선 의학 지식과 일치했다. 원자폭탄에서 발생한 방사선은 폭발 순간에 대량으로 방출된 중성자와 감마선, 그리고 그 후 오랫동안 폭발 중심지에서 바람으로 따라 내려온 방사성 물질, 즉 동쪽 지역에 잔류한 방사능이다. 그 작용에는 각각 차이가 있지만, 가장 강력하게 반응하는 것은 중성자다. 이보다 큰 문제는 잔류 방사능이다. 잔류 방사능은 미약해 보이지만 75년 동안 사라지지 않는다. 사람들은 폭탄 가스를 마시거나 폭풍을 맞았기 때문이라고 생각하지만, 이는 이 방사선에 의한 것이다. 독성 물질은 호흡기를 통해서만 들어온다고 착각해서 그렇게 생각하는 것이다. 방사선은 신체의 어느 부위에도 침투한다.

원자폭탄의 원자병을 발현 시기에 따라 설명해보자. 먼저 피폭 후 3시간 정도 지나면 숙취가 느껴지고 24시간 후에 최고조에 이르며 이후 점차 호전된다. 3일 후부터 소화기 장애가 나타나고, 대부분은 일주일 후에 사망한다. 경증 환자의 경우 설사가 오래 지속된다. 2주째에는 혈액 장애로 출혈 증상을 보이면서 대부분 사망한다. 4주째에는 백혈구 감소에 따른 위독 증상이 나타나고, 이 역시 대부분 사망한다. 탈모는 3주 무렵부터 관찰된다. 생식샘 이상 증상은 초기부터 10주 이상 이어진다. 소아의 경우 성인보다 증상이 더 빨리 발현되고 증상도 더 심하다. 현재까지도 폭발 중심지에는 소량의 방사능이 남아 있어 주민들의 백혈구 수가 증가하고 있다.

중요한 소견만 정리해보자. 숙취에 대해서는 이 책의 〈누구도 짐작하지 못한〉에서 언급했다. 소화기 장애는 동물 실험의 결과와 일치해서, 점막 출혈 및 궤양성 염증이 발생한다. 폭발 중심지 반경 1킬로미터 이내의 무너진 가옥에서 매몰되었다가 구조되어 다행히 목숨을 건진 이들은 3일째에 입술 주위에 콩알만 한 농포가 생기고 다음 날부터 구내염이 발생하며 통증으로 음식을 먹기 어렵고 열이 있다.

다음 날에는 식욕 부진, 복통, 설사 등의 위염 증상이 나타난다. 설사는 처음에는 물처럼 맑다가 점차 점액이 섞이고 나중에는 점혈변이 된다. 배변 후에 불쾌한 증상이 있었으며, 체온은 40도 이상으로 올라가 이질로 오진되기도 한다. 전신 무기력증이 현저해지면서 일주일에서 열흘 안에 사망한다. 경증 환자는 설사와 식욕 부진만을 호소한다. 잔류 방사능의 영향으로 피폭 후 열흘 정도는 우라카미를 지나기만 해도 설사를 일으켰다는 이야기도 있다.

2주째에 출혈로 인한 사망이 일부 관찰되었다. 갑작스러운 토혈, 하혈, 상처 부위의 재출혈이 발생해서 사망했다. 이는 순환 혈액 속 혈소판이 파괴되어 출혈 소인을 일으킨 것으로 보인다. 토끼를 이용한 실험에서 이런 결과가 나왔다.

가을 추위가 느껴지는 9월이 되자, 패전 후의 혼란도 가라앉고 환자들도 회복세에 접어들어 안도했다. 그런데 9월 5일, 피폭 후 4주째인 그날 갑자기 심각한 백혈구 이상 증상이 나타나 사망자가 속출하면서 모두를 공포의 나락으로 떨어뜨렸다. 폭발 반경 1킬로미터 내외의 거리에서 대부분 집 안에 있어 아무런 외상도 입지 않았고 이후 가벼운 설사 정도는 있었던 사람들이다. 다른 사람의 간호나 잔해 정리에 나설 만큼 건강했던 사람들이 전신 권태와 피부가 창백해지는 전조 증상을 보이더니 체온이 40도 이상으로 상승했고, 구내염과 치근궤양이 발생했다. 이후 괴사로 이어지고 인두에 위막이 생기고, 궤양성 편도선염을 일으켜 음식을 섭취할 수 없었다. 피부에 검붉은 반상 출혈이 점점이 생겼다. 반상 출혈은 몸통과 위팔에서 나타나다가 허벅지에까지 번졌다. 크기는 작은 점에서 쌀알 또는 팥알 크기였으며 때로는 손가락 한 마디 크기로 커지기도 했다. 동통이나 가려움증은 동반되지 않는다. 백혈구 수치는 현저히 감소했고, 수치가 2천 이하로 떨어진 사람은 거의 살아남지 못했다. 그 증상은 질주하는 말처럼 평균 입원 9일 만에 사망할 징도로 빨랐다.

특이한 것은 간접 영향이었다. 폭발 시 방사선에 노출된 초목 중 2킬로미터에서 7킬로미터 내에 있던 것들은 붉게 타버렸고, 폭발 후 검고 굵은 빗방울이 닿은 풀은 말라버렸다. 폭격 다음 날, 가와히라 마을에서 농부 두 사람이 말라버린 억새를 베어 집에 가져갔는데, 그 다음 날 풀이 닿았던 손과 다리, 어깨에 가려움을 동반한 붉은 발진이 생겼다. 이는 접촉성 피부염과 유사했으며 며칠 후에 나았다.

폭발 중심지의 잔류 방사능은 인체에 어떤 영향을 미칠까? 원자폭탄이 터질 당시 우라카미에 있지 않아 아무런 부상도 입지 않고 섬광에 노출되지도 않은 사람이 폭발 중심지에 거주하면 어떤 증상이 나타날까? 10월에 미츠야마 구호대가 해산된 뒤, 이를 확인하기 위해 나는 폭발 중심지인 우에노마치로 가서 움막을 짓고 그 안에서 생활하기 시작했다. 그 생활이 1년이 지난 지금에 이르렀다.

폭격 직후에는 폭발 중심지에 방사능이 뚜렷하게 확인되었다. 방사능의 원인이 된 것은 원자 분열로 생성된 새로운 원자다. 처음에는 구름으로 하늘에 떠 있다가 점점 지상으로 내려왔다. 이는 눈에 보이지 않는 미세한 먼지다. 우라늄이 분열할 때 방사성 바륨과 스트론튬이 생성되었을 것이다. 또한 원자폭탄이 터질 때 발생한 강력한 방사선에 의해 지상에 있던 물체의 원자가 붕괴하면서 일시적으로 방사성 물질이 생겼을 수도 있다. 이 방사성 물질은 원자가 안정을 회복하면서 사라진다. 물에 씻겨나가는 것들도 있어, 폭발 중심지의 방사선량은 날이 갈수록 줄어들었다. 하지만 1년이 지난 지금도 여전히 소량의 방사선이 잔류해서 방출되고 있다.

그런 까닭에 인체에 미친 영향도 초기에 극심했다. 이곳 우에노마치는 폭발 지점에서 600미터라는 근접 거리에 있어서 피폭 당시 마을 주민들은 방공호 깊숙이 있던 어린아이 한 명을 제외하고 모두 사망했고, 마을은 잿더미로 뒤덮였다. 이곳에서 피폭 직후 3주 이내에 거주한 사람들은 한 달 동안 심한 숙취 증상이 지속되었고 심한 설사로 고생했다. 특히 불탄 집을 정리하기 위해 재를 퍼내고 기왓조각을 옮기거나 시신을 수습했던 사람들의 증상은 더욱 심했다. 라듐에 대량으로 노출된 환자가 보이는 증상과 유사했으며, 이는 대량의 방사선에 지속적으로 노출된 결과였다.

한 달 이후부터 거주하기 시작한 사람들의 증상은 경미했지만, 마찬가지로 숙취와 소화 장애가 관찰되었다. 모기나 벼룩에 물린 작은 상처도 쉽게 곪았고, 가벼운 백혈구 감소가 나티났다.

3개월 후부터는 더 이상 뚜렷한 장애가 발생하지 않았다. 주민들은 계속해서 집을 지어 거주하기 시작했다. 이들은 주로 군대에서 돌아온 사람들이거나 피난민이었다. 그런데 주민들의 백혈구 수치를 조사해 보니 거주한 지 한 달이 지나면 정상 수치의 2배가 될 정도로 이상 수치를 보였다. 이는 미량 방사선에 장기간 노출되었을 때 나타나는 증상이다. 결국 이 지역에는 극소량의 방사선이 잔류하고 있으며, 이는 폭격 당시 미국이 경고했던 바와 같다. 하지만 방사능의 감소 속도는 상당히 빨라 그렇게 오래 지속되지는 않을 것으로 보인다.

백혈구 수치가 증가한 주민들의 건강 상태는 현재 양호하다. 오랜 시간 이곳에 머물렀지만, 기생충 질환을 제외하고는 특별한 환자는 없었다. 겨울에는 눈이 쌓이고 고드름이 열리는 추운 움막에서 얇은 배급용 담요를 덮고 자면서도 폐렴은 커녕 감기에도 걸리지 않았고 최근에는 상처가 생겨도 곪지 않았다. 광물 온천지의 주민 같다. 생식샘 이상은 어떨까 궁금했다. 임신율은 다소 줄어든 듯 보이지만, 여전히 임산부가 있고, 유산 소식을 듣지 못했고, 기형아는 태어나지 않았다. 이후 상황이 어떻게 될지는 함부로 판단할 수 없지만, 나는 상당히 낙관적이다. 만나는 사람마다 돌아가서 다시 집을 지으라고 권하고 있다.

우리가 가장 걱정하는 것은 열상 흉터였다. 이 열상은 단순히 열기에 의한 피부 손상 외에도 중성자와 감마선에 동시에 노출되었기 때문에 일반적인 화상과는 전혀 다르다. 일반적인 화상이라도 체질에 따라 켈로이드, 즉 외상의 경계를 넘어서 진행하는 융기된 흉터를 형성하는 경우가 있지만, 원자폭탄에 의한 열상의 상처에는 거의 전부 켈로이드가 형성되었다. 나가사키 시내를 걷다 보면 얼굴이나 손 등에 피부가 분홍색으로 부풀어 오르거나 불룩하게 솟아 있는 모습을 목격할 수 있을 것이다. 방사선에 노출된 피부에 켈로이드가 형성되면 가려워서 계속 긁게 된다. 이 증상은 몇 년 후에 궤양으로 이어지고 수십 년 후에는 암으로 발전한다. 이는 라듐이나 엑스선 실험에서 종종 일어났다. 원자폭탄의 화상 흉터에서 암이 발생하는지는 우리에게 남겨진 중대한 문제다. 화상 흉터가 있다면 아무리 가려워도 긁어서는 안 되며, 목욕 후에는 수건으로 상처 부위를 문지르지 않도록 해야 하며, 함부로 약을 바르는 것도 위험하다.

이 작은 마음이라도

방사능 숙취에는 비타민B와 포도당 주사가 효과적이다.

화상에는 광천 요법이 탁월했다. 우리는 환자를 두 그룹으로 나누어 제1군은 광천 요법, 제2군은 대조군으로 일반 약물 치료를 하고 경과를 관찰했다. 치유까지 걸린 평균 일수는 전자가 24일, 후자가 38일이었다. 즉 광천 요법을 한 사람은 그렇지 않은 사람보다 평균 2주 일찍 나았다. 이 광천 요법은 외상에도 효과적이어서 나도 주로 이 온천의 혜택을 받았다. 광천수야말로 자연이 준 명약이다.

우리가 원자병 환자에게 처음으로 시행한 치료법 중에 자가 혈액 자극 요법이 있다. 이 치료법에 대한 소문은 빠르게 퍼져 여러 의사가 추가로 실험했다. 우리는 효과가 있었다고 생각하지만, 실험한 의사들의 의견은 제각각이었다. 효과가 있는지 아닌지는 결정되지 않았지만, 적어도 환자 본인은 확실히 좋다고 말했다. 물론 이 치료법은 다른 질환에 대해서는 이미 효과가 입증된 방법이지만, 원자병에 대해서는 9월 10일에 시 교수가 처음으로 시도했다.

9월 초에 반상출혈, 고열, 치근 괴사, 인두 궤양 등의 증상을 보인 위독 환자가 다수 발생하자, 우리는 패혈증이나 새로운 급성 전염병이 아닌지 의심하고 대증 요법을 시행하면서 경과를 관찰했다. 혈액 질환의 하나인 과립세포 결핍증과 유사하다는 것을 깨닫고 비로소 골수의 방사선 노출로 백혈구가 감소한 결과라는 사실을 알게 되었다.

2명, 3명, 환자가 계속해서 죽어갔다. 시 교수를 비롯한 일행은 밤낮없이 환자를 간호하는 동시에 어떻게든 치료법을 찾으려고 했다. 그렇게 이론적으로 자가 혈액 자극 요법이 효과적이라는 결론에 도달해 즉시 시행했다. 환자의 혈액을 채취해 그대로 환자의 엉덩이 근육에 주사하는 방법이다. 결과는 만족스러웠다. 빈사 상태의 환자들이 모두 살아났다. 이 치료법을 시작한 이후 단 한 명의 사망자도 생기지 않았다.

환자의 식단은 가축의 간과 채소 식이요법을 시행했다. 어떤 동물의 간이라도 좋으니 가능한 날것으로 혹은 살짝 구워

먹이고, 신선한 채소도 많이 먹였다. 이는 매우 효과적이었다. 술도 좋은 약이었다. 마지막이라는 생각에 좋아하는 술을 마셨더니 나아진 사례도 있었다.

자택 요양은 결과적으로 좋은 영향을 주었다. 그렇게 혼란스러운 시기에 구호소에 모여 불편한 나날을 보내기보다 편안한 집에서 가족의 따뜻한 돌봄을 받는 편이 환자의 안정에 얼마나 큰 도움이 되는지 헤아릴 수 없다. 다만 우리 구호대는 매일 방문 진료해야 해서 큰 부담이었다. 한 푼의 수당도 받지 못하고 고생하는 간호사들에게 신발이라도 사주고 싶은 마음이었다.

움막의 손님

대학은 재건을 결정했고, 임시로 신코젠 초등학교에서 진료와 연구를 시작했다. 이 소식을 듣고 몇 안 되는 생존자들이 모여들었다. 우리도 미츠야마 계곡을 따라 내려와 대학으로 돌아갔다. 11월 2일에는 대학에서 위령제가 열려 807명의 명복을 빌었다.

나는 폭발 중심지 근처 우에노마치에 한 평 남짓한 함석 움막을 얻어 그곳에서 살았다. 뒤쪽은 돌담 그대로라서 비 오는 날은 큰 소동이 일었다. 대학 동료들은 올 때마다 집이 아니라 상자라고 했다. 그 안에는 손님이 끊이지 않았다. 신부님의 방문을 맞는 날도 있었고, 거지들이 집 안을 엿보는 날도 있었다.

"여기가 당신의 사당인가요?"

미국 종군 사제가 와서 물었다. 먼 대학에서 교수가 방문해 있는 중에 "군부에서 전쟁 피해자에게 보내는 구호품"이라며 낡은 신발을 주고 가기도 했다.

야마모토와 하마사토가 전쟁터에서 돌아왔다. 두 사람은 내 앞에 말없이 앉아 있었다. 입을 열면 눈물이 쏟아질 것 같았다.

"교수님, 원통합니다."

"애쓰셨습니다."

"저희는 분해서 견딜 수가 없습니다. 어떻게든 이 원한을 복수해야만 합니다. 이 악물고 버텨서 반드시 승리해 보이겠습니다."

"그대들은 원통합니까?"

"네. 원통합니다."

"원통하다거나 분하다는 말은 이길 수 있었던 전쟁에서 패배했을 때, 그리고 아직 전력이 남아 있을 때 쓰는 말이라고 생각합니다만."

"그렇습니다. 일본은 아직 패배할 만큼 약하지 않았습니다. 아직 충분한 전력이 남아 있습니다."

"아니죠. 일본은 무조건 항복을 하지 않았습니까? 모든 전력을 잃고 적에게 항복하지 않았습니까?"

"아니요. 저는 우리에게 아직 충분히 싸울 힘이 있다고 생각합니다."

"그건 말이 안 됩니다. 일본이 지기 전에 왜 전력을 다 쏟아붓지 않았습니까? 국가가 전력을 잃었는데 개인이 아직 남아 있다니……. 집이 파산했는데 아들은 자기 적금 통장을 숨기고 있는 것과 다르지 않습니다."

"……."

"나는 전쟁 내내 국가의 최고 명령에 따라 목숨을 걸고 임했습니다. 우리 대학도 끝까지 정정당당하게 싸웠습니다. 아무리 격렬한 공습 속에서도 적십자정신에 따라 용감하게 나서 부상자를 구호했습니다. 원자폭탄이 터지기 전에도 상처 입은 부상자를 구호하기 위해 언제 어디라도 달려갈 준비를 했고, 의사 본연의 임무인 의학 연구와 수업에도 전념했습니다. 폭격으로 대학이 무너진 후에도 정정당당하게 끝까지 학교를 사수했고, 마침내 할 수 있는 일을 다 하고 나서 구호 활동에서 물러났습니다. 우리 젊은 학생들이 진심으로 구호에 임했다는 사실은, 설령 일본이 패배하고 일본의 전쟁 목적이 부당함이 증명된다고 해도 그것과는 관계없이 아름다운 행동으로 인정받으리라 생각합니다.”

“교수님 말씀이 맞습니다. 아무것도 모르는 학생들이 끝까지 정정당당하게 자기 본분을 다하고, 인류애에 기반한 구호 활동에 목숨을 바쳤다는 것은 국가의 운명과 관계없이 아름다운 일입니다.”

“그리고 대학은 모든 것을 잃었습니다. 학교는 말 그대로 폐허 그 자체입니다. 대학의 일원들도 상당수 사망했고 살아남은 우리도 온전하지 않습니다. 집도, 재산도, 아내도 모든 것이 사라졌습니다. 나는 모든 힘을 잃었습니다. 온 힘을 쏟아부었고, 더구나 졌습니다. 그런데 어떻게 원통하다고 할 수 있겠습니까? 무슨 유감이 있겠습니까? 지금 내 심정은 오히려 비 갠 후의 달처럼 맑습니다. 졌지만 후회 없는 싸움이었습니다.”

“그렇게 말씀하시니 저희가 부끄럽습니다.”

“내게 집도 재산도 아내도 그대로 남아 있는 상태에서 패전했다면 나는 지금 얼마나 괴로울까요? 그것이야말로 바로 국가에, 전쟁으로 상처 입은 동포들에게 큰 부담이 아닐까요. 국가가 망하는 순간 내 집도 없어지고, 국가가 파산하는 순간 나도 빈털터리가 되었다고 생각하니, 슬프면서도 오히려 상쾌한 기분이 듭니다.”

“하지만 세상에는 반대로 전쟁으로 벼락부자가 되어 떠들썩한 이들이 많이 있습니다.”

“바로 그겁니다. 그런 자들이야말로 응징해야 할 사람들입니다. 전쟁은 돈이 되는 장사입니다. 십 년에 한 번꼴로 전쟁이 나면 억만장자가 될 수 있다고 말하는 자들이 바로 그자들입니다. 그들이야말로 호전적인 선전을 해댈 겁니다. 그런 자들이 순수한 젊은이들을 부추겨 복수를 가르칩니다.”

“정말 국가를 먹잇감으로 삼는 자들이죠.”

“전쟁은 국가에 이익을 가져다주는 사업일까요?”

“이기면 이익이 되겠죠.”

“자국의 이익을 목적으로 시작하는 전쟁이 정의로운 싸움일까요?”

“신 앞에서 정의롭지 않은 전쟁이라면 결코 승리할 리 없습니다.”

“하지만 이 전쟁 동안 우리는 끊임없이 신께 기도했습니다. 특히 전쟁의 신께.”

“전쟁의 신은 결국 인간이 만들어진 신이겠죠.”

“아닙니다. 일본에서는 예로부터 존재해온 신입니다.”

“그대들보다 신학도 철학도 몰랐던 선조들이 만들어낸 것입니다. 자기들 편하게 신을 만들어놓고는 거기에 제멋대로

소원을 빌다니. 종이 부적 같은 거야. 그렇게 신국불멸이니 가미카제 같은 걸 믿은 겁니다. 허상에 매달리고 배례하는 셈 이죠."

"우리의 치성이 부족했던 겁니다."

"아니죠. 아무리 치성해도 상대가 허상인 이상 소용없습니 다. 인간이 만든 신은 참된 신으로부터 은혜를 받은 세력에 이길 수 없습니다."

"일본인에게 야마토 정신이 있듯이 일본에는 일본의 신이 있어도 좋지 않을까요?"

"무력으로 강요하지 않아도 만민이 믿고 따른다면 그렇겠 죠. 그 사상은 이미 이천 년 전에 로마에서 비판받았던 원시 민족국가의 신앙입니다."

"하지만 교수님, 전쟁은 문명의 어머니라는 말이 있듯이 전 쟁이 과학적 진보에 도움이 되지는 않습니까? 원자폭탄처럼 말이죠."

"그만큼의 인명과 그만큼의 물자, 그만큼의 시간, 그만큼의 인류를 총동원해서 평화적 발명에 매진했다면 훨씬 더 큰 효 과를 거둘 수 있었을 겁니다. 어쨌든 전쟁은 이익을 가져다주 는 사업이 아닙니다. 귀환할 때 장교들은 뭐라고 하던가요?"

"어쩔 수 없으니 당분간은 가만히 미군의 지시대로 따르라고 했습니다. 언젠가는 독일처럼 우리도 칼을 들고 일어서야 한다, 그때를 대비하라고 했습니다.”

“어설픈 지식은 오히려 큰 실패를 불러오는 근원입니다. 그런 어리석은 생각은 버리세요. 그 장교는 실전 경험이 얼마나 되던가요?”

“내직근무만 했습니다.”

“그렇겠죠. 그럴 만합니다. 실전을 모르는 장교가 자신의 명예심을 만족시키기 위해 아무것도 모르는 부하를 질책하며 진징으로 내몰기도 하니까요? 전쟁은 잔혹합니다. 전쟁 소실을 읽으면 아름답고 용감해서 나도 한번 나가볼까 싶어지겠죠. 하지만 실제는 다릅니다. 전쟁을 미화해서는 안 됩니다. 원자폭탄의 어디에 아름다움이 있습니까? 그날 그때, 이 땅에 펼쳐진 지옥을 여러분이 한 번이라도 봤다면 분명 전쟁을 다시 하겠다는 어리석은 생각은 하지 않을 겁니다. 앞으로 전쟁이 일어난다면 곳곳에서 원자폭탄이 터질 겁니다. 그렇게 무수한 사람이 아무런 이유도 없이 죽어갑니다. 그것은 미담이 아니고, 아름답지도 않고, 영웅적이지도 않으며. 문학도 되지 않습니다. 롤러로 개미의 행렬을 밀어버리듯 모든 게 없어질 뿐입니다. 전쟁은 결코 일어나서는 안 될 일입니다.”

“그럼 일본은 계속 당하기만 하는 건가요?”

"하느님이 말씀하셨습니다. 복수는 내게 있나니, 내가 갚으리라. 전쟁 승패와는 별개로 하느님의 눈으로 보아 정의롭지 않은 쪽이 벌을 받을 뿐입니다. 복수는 인간의 범주가 아닙니다."

"그럼 우리가 살아갈 길은 어디입니까?"

"그것을 찾기 위해 나는 이곳에 앉아 생각하고 있습니다. 아직 저도 알 수가 없습니다."

"저도 어딘가에서 조용히 생각해보고 싶습니다."

"산에 들어가서 생각하는 것도 좋겠죠. 세상의 소용돌이 속에 있으면 뱅뱅 돌기만 할 뿐 자신의 길을 찾지 못하고 겉만 요란한 사람이 되기 쉽습니다. 푸른 산은 늘 그 자리에 있지만, 흰 구름이 저 홀로 오간다는 말처럼 나는 저 미츠야마 산을 바라보며 묵상합니다."

손님은 마음을 새롭게 하고 돌아갔다. 집 안은 한동안 고요해진다. 다섯 살짜리 가야노가 혼자 떠드는 소리가 들린다. 밖으로 나가 보니 불탄 자리에 유리병과 접시, 거울 조각 등을 늘어놓고 인형을 상대로 소꿉놀이하고 있다. 친구들은 모두 죽었다.

"우리 집은 아주 컸어. 2층도 있었고, 엄마도 있었어. 엄마가

만두를 만들어 주셨어. 포근한 이불 속에서 잤어. 전등도 켜져 있었어.”

나는 가만히 서서 바라본다. 가야노는 추억을 하나하나 꺼내 놓는다. 눈을 감으니 행복했던 우리 집 풍경이 선명하게 떠오른다. 눈을 뜨자 판도라 상자를 열어버린 듯 순간 황량한 원자 벌판이 눈에 들어온다. 폭풍이 불어온다.

슬퍼하는 자 복이 있나니

이치타로 씨가 침울한 표정으로 귀환군 복장으로 나타났다. 돌아와 보니 고향은 폐허였고, 집으로 달려가 보니 잿더미 속에 사랑하는 아내와 다섯 아이의 검게 탄 뼈가 흩어져 있었다.

"난 이제 살고 싶은 마음이 없네."

그 말에 내가 위로했다.

"전쟁에서 지고 누가 희망을 누리겠습니까."

"그건 그렇지. 만나는 사람마다 이러더군. 원자폭탄은 천벌이라고. 죽은 자는 나쁜 사람이라서 벌을 받은 거고 살아남은 자는 신께서 내리신 특별한 은혜를 받은 거라고. 그러면 내 아내와 아이들은 나쁜 사람인 건가?"

"저는 다르게 생각합니다. 원자폭탄이 우라카미에 떨어진 건 신의 크나큰 섭리입니다. 신의 은총입니다. 우라카미는 신에게 감사해야 합니다."

"감사하라고?"

"이건 모레 있을 우라카미 성당에서 열릴 합동 장례식에서 제가 신자 대표로 읽으려고 쓴 조문입니다. 한번 읽어보시겠어요?"

이치타로 씨는 원고를 읽었다. 처음에는 소리 내어 힘차게 읽었지만, 어느새 입을 다물고 생각에 잠겼나. 눈물이 떨어졌다. 원고에는 이렇게 쓰여 있었다.

원자폭탄 합동 장례 조사

1945년 8월 9일 오전 10시 30분경, 최고군사회의가 열려 항복할지 항전할지 결정했습니다. 세계에 새로운 평화를 가져올지, 아니면 인류를 더욱 비참한 피의 전쟁으로 몰아넣을지 세계가 운명의 갈림길에 있던 시각, 오전 11시 2분에 한 발의 원자폭탄이 우라카미 상공에 터졌고 가톨릭 신자 8천 명의 영혼은 순식간에 하늘의 부르심을 받았습니다. 맹렬한 불길은 몇 시간 만에 동양의 성지를 잿빛 폐허로 만들어버렸습니다. 그날 한밤중에 성당은 갑자기 화염에 휩싸였지만, 바로 그 시각 최고군사회의에서는 종전의 결단을 내렸습니다. 8월 15일 종전이 선포되었고, 세계 곳곳에서 평화의 날을 맞이했습니다. 그날은 성모 승천축일이었습니다. 우라카미 성당이 성모님에게 바쳐졌다는 생각이 듭니다. 이것은 단순한 우연일까요? 아니면 하느님의 깊은 섭리일까요?

일본의 전력을 끝장내야 할 마지막 원자폭탄은 원래 다른 도시로 예정되어 있었습니다. 하지만 그 도시 상공이 구름에 가려 조준 폭격이 불가능해지자 갑자기 계획을 변경해 예비 목표였던 나가사키에 투하했으며, 더구나 투하 당시 구름과 바람의 영향으로 군수 공장을 노렸던 폭탄이 약간 북쪽으로 빗나가 성당에 떨어졌다는 이야기를 들었습니다. 이것이 사실이라면 미군의 비행사가 우라카미를 노린 것이 아니라 신의 섭리에 따라 폭탄이 이곳으로 이끌려 왔다고 해석될 수도 있습니다.

전쟁과 우라카미 멸망 사이에 깊은 관계가 있지 않을까요? 세계대전이라는 인류의 죄악에 대한 벌로 일본 유일의 성지인 우라카미가 희생의 제단에 바쳐질 순결한 어린 양으로 선택된 것이 아닐까요?

선악과를 훔친 아담의 죄와 동생을 죽인 카인의 피를 이어받은 인류가 모두 하느님의 자식이면서도 우상을 따르고 사랑을 거역하며 서로 미워하고 서로 죽이면서 기뻐했습니다. 이 죄악을 끝내고 평화를 맞이하기 위해서는 후회하는 것만으로 부족합니다. 죄에 합당한 희생양을 바쳐 하느님께 용서를 빌어야 합니다. 지금까지 몇 번이고 종전의 기회는 있었고, 전멸한 도시도 적지 않았습니다. 하지만 그것으로는 부족했기에 하느님은 지금까지 좋게 여기지 않으셨을 것입니다. 하지만 우라카미가 잿더미가 된 순간 비로소 이를 받아들이시고, 인류의 용서를 들으시고 종전이라는 성스러운 결단을 내리도록 하셨습니다.

신앙의 자유가 없는 일본에서 400년 동안 박해받으며 순교의 피를 물들였습니다. 그러면서도 신앙을 지켜냈고, 전쟁 중에도 밤낮으로 영원한 평화를 위한 기도가 끊이지 않은 우라카미 성당이야말로 신의 제단에 바쳐져야 할 유일한 깨끗한 어린 양이 아니었습니까. 이 어린 양의 희생으로 다시 전쟁의 피해를 입었을 수천만 명을 구한 것입니다.

전쟁의 어둠이 끝나고 평화의 빛이 비치기 시작한 8월 9일, 성당 제단에 타오르는 불길이여! 거룩한 희생양이여! 우리는 헤어 나올 수 없는 슬픔 속에서도 더없는 아름다움과 더없는 깨끗함과 더없는 존귀함을 우러러보았습니다. 순결한 연기로 타올라 하늘나라로 올라가신 주임사제를 비롯한 8

천 명의 영혼이여! 어느 한 사람을 떠올려도 선한 이름들뿐입니다.

패전을 모르고 세상을 떠난 분의 행복이여. 깨끗한 어린 양처럼 신의 품에 안겨 쉬는 영혼의 행복이여. 그에 비하면 살아남은 우리는 비참합니다. 일본은 패배했습니다. 우라카미는 완전히 폐허입니다. 보이는 곳마다 잿더미와 잔해뿐입니다. 집도 없고 옷도 없고 먹을 것도 없으며, 밭은 황폐해지고 사람은 드뭅니다. 멍하니 불탄 자리에 서서 하늘을 바라보는 몇몇 사람들만 있습니다.

그날 그때 이 집에서 왜 함께 죽지 않았을까요? 왜 우리만 이런 비참한 삶을 살아야만 하는 걸까요? 우리는 죄인이었기 때문입니다. 지금이야말로 깊이 깨닫습니다. 우리의 죄가 얼마나 깊은지를. 우리는 벌을 다 받지 못했기에 남겨진 것입니다. 너무 크고 깊은 죄를 지은 자들만이 신의 제단에 오를 자격이 없어서 남겨진 것입니다.

일본인이 앞으로 걸어가야 할 패전국의 길은 고난과 비참함으로 가득 찰 것이며, 포츠담 선언으로 부과된 배상은 큰 짐이 될 것입니다. 이 무게를 지고 갈 고난의 길이야말로 죄인인 우리에게 속죄할 기회를 주는 희망의 길이 아닐까요. 슬퍼하는 자는 복이 있나니 그들은 위로받을 것입니다. 우리는 이 배상의 길을 정직하게 걸어가야 합니다. 조롱받고 멸시당하고 채찍질 당하고 땀 흘리고 피에 물들고 허기와 목마름에 허덕이며 이 길을 갈 때, 골고다 언덕에 십자가를 지고 오르신 그리스도께서 우리에게 용기를 주실 것입니다.

주께서 주시고 주께서 거두시나이다. 주의 이름을 찬미합니다. 우라카미가 선택되어 제단에 바쳐진 것에 감사드립니다. 이 고귀한 희생으로 세계에 평화가 다시 찾아오고 일본에 신앙의 자유가 허락된 것에 감사드립니다.

죽은 이들의 영혼이 주님의 자비로 평안히 쉬기를 바라며 아멘.

이치타로 씨는 조사를 읽고 나서 눈을 감았다. 그리고 잠시 후 말했다.

"역시 아내와 아이들은 지옥에 가지 않았어. 그렇다면 왜 우리는 살아남았을까?"

"우리는 천국 입학시험에서 떨어진 겁니다."

"천국의 낙제생? 그렇군."

두 사람은 크게 웃었다. 가슴에 맺힌 것이 내려간 듯했다.

"제대로 공부하지 않으면 천국에서 아내를 만날 수 없겠군. 확실히 전쟁에서 죽은 사람들은 정직하게 자신을 희생하며 일했으니까. 우리도 지지 않고 꽤 고생해야 할 것 같군.”

“그럼요. 세계 유일의 원자 벌판, 이 슬픔과 외로움, 황폐한 잿더미와 잔해 속에 발을 굳게 디디고 서서 유골과 함께 다시 시작해야 하지 않겠습니까?”

“나는 죄인이니 고통 속에 속죄하는 게 무엇보다 큰 기쁨이지. 기도하며 일하세.”

이치타로 씨는 밝은 얼굴로 돌아갔다.

원자폭탄이 떨어진 곳은 75년 동안 생명이 살 수 없다는 소문이 돌자 사람들은 나가사키로 돌아오기를 두려워했다. 우리는 방사능 측정기를 잃어버려 어쩔 수 없이 동식물을 관찰하기로 했다.

3주 후, 폭발 중심지인 마츠야마마치에서 개미 떼가 발견되었다. 개미들은 건강했다. 한 달 후에는 지렁이 무리가 발견되었다. 쥐들이 달려가는 것도 목격되었다. 한 달 후에는 감자순을 먹는 벌레도 크게 번식했다. 작은 동물이 이렇게 서식할 수 있는 것을 보면 사람도 살 수 있으리라 생각했다.

폭풍에 날려간 보리가 곳곳에 싹을 틔웠다. 이듬해에는 일반 보리와 같은 시기에 꽃이 피고 열매를 맺었는데, 그 보리는 다른 보리와 큰 차이가 없었다. 옥수수도 발아했다. 옥수수는 겨울에 접어들어 열매를 맺었는데 알갱이는 거의 없었다. 나팔꽃도 덩굴을 뻗어 작지만 아름다운 꽃을 피웠다. 잎에는 기형이 보였다. 고구마순은 금세 덩굴을 뻗어 꽃을 피웠지만, 고구마는 전혀 자라지 않았다. 다른 채소류는 모두 잘 자랐다. 나는 원자폭탄 후 생존 가능론을 주장했다. 다만, 유아는 방사선에 민감해서 아직 데려오지 않는 편이 좋겠다는 의견을 덧붙였다.

사람들이 폭발 중심지에 주거지를 만드는 데는 4단계가 있었다. 제1기는 폭격 직후부터 방공호나 참호에 지붕을 얹고 생활하는 기간으로, 이는 한 달 정도 지속되었다. 이는 피난기라고 할 수 있다. 집이 없어서 방공호에 숨어 이웃들과 공동생활을 했다. 이런 공동생활은 관공서 업무나 배급 등에 편리했다. 방공호들에는 부상자가 있었는데, 간신히 살아남은 사람들은 서로에게 연대감을 느끼며 부족한 물자를 나누어주며 함께 지냈다. 불편하기 짝이 없는 생활이었지만 마음만은 편안했다. 주민들은 식량 조달과 시신 수습에 모든 시간을 보냈고, 망연자실함 속에서 생존하기 위해 몸부림쳤다.

제2기는 두 달째부터 넉 달째까지로, 새로운 생활을 준비하는 시기라고도 할 수 있다. 사람들은 겨우 삶의 목표를 되찾고, 가족의 안부를 알게 되었으며, 시신 수습과 각종 신고, 예금 정리도 끝내면서 재건을 위한 첫걸음을 내디뎠다. 불에 타지 않은 기둥과 함석으로 2평 남짓한 임시 숙소를 만들고, 그 안에 가족이나 가까운 친척이 모여 서로 도우며 생활했다. 이 무렵에는 살아남았다는 감동도 희미해져, 타인과의 공동생활에서는 이해관계나 감정적인 충돌이 일어나고 있었다. 가까운 혈육이라면 그나마 그런 감정이 덜했다. 임시 숙소는 간신히 이슬을 피할 정도였고, 여러 명이 함께 살기에는 좁은 공간이었다. 더구나 귀환자들을 통해 옴이 퍼졌다.

다섯 달째인 12월이 되자 진눈깨비가 내리고 찬바람이 불어와 움막에서는 더는 살 수 없게 되었다. 그 무렵 근방에서 목수 일꾼들이 들어오기 시작했고 자재도 돌기 시작했다. 가족과 친척들은 협력해서 각자가 생활할 임시 건물을 지었다. 형이 살 집을 짓고 나면 다음으로 동생이 살 집을 짓는 식이었다. 거친 회반죽에 천장도 없고 지붕만 대충 덮은 판잣집이었지만, 10평 남짓한 공간에 다다미도 깔고 덧문도 달아 조금은 안정을 찾을 수 있는 주거지였다. 임시 건물이 완성되자 결혼하는 사람도 늘어, 일주일에 10쌍 이상의 새 가정이 생겼다. 따라서 이 시기는 부흥기라고도 할 수 있다.

　제대로 된 건물은 이후의 일이다. 그것은 사치이기에 국가가 안정된 뒤에야 가능했다. 사람들은 불편한 임시 건물 안에서 충실한 생활을 하고 있다. 충실한 생활이야말로 진정한 문화생활이라 여겨진다. 나의 은사 스에츠구 교수님은 나의 작은 집을 축하하며 '아무것도 없으므로 모든 것이 있다'라는 뜻의 '무일물 무진장(無一物無盡藏)'이라는 휘호를 주셨다.

　기차를 타고 지나가는 사람들이 창문 너머로 우라카미를 본다면 여전히 잿더미와 잔해 그대로여서 복구는 힘들다고 생각할지도 모른다. 하지만 사람들은 차근차근 정리하고 다시 일어서고 있다. 눈에 보이지 않지만 조금씩 조금씩 복구되고 있다. 확고한 믿음으로 살아가는, 고뇌와 눈물의 행복을 아는 소수의 사람들이 지금 이곳에서 세기의 죄를 씻는 고행을 하고 있다. 믿음이 없는 사람은 돌아오지 않는다. 복구의 원동력이 되는 것은 오직 믿음뿐이다.

　밤에는 전기가 들어오지 않아 아이를 안고 일찍 잠자리에 들었다.

"원자는 얼마나 큰 거야?"

초등학교 4학년인 마코토가 묻는다.

"아주 작은 거야. 공 모양이라고 치면 그 지름이 약 1억 분의

1센티미터지.”

“눈에 보이지도 않겠네. 현미경으로도 안 보이고. 입자야?”

“아니, 입자가 아니야. 지구나 토성 등이 태양 주변을 빙글빙글 돌고 있다는 건 학교에서 배웠지? 그 태양계 전체의 직경으로 태양계의 크기를 계산하듯이, 원자도 딱딱한 입자가 아니라 중심에 원자핵이 있고 그 주위를 음전자가 빙글빙글 돌고 있어. 그 음전자가 돌고 있는 원의 직경이 1억 분의 1센티미터야. 그리고 핵과의 사이에는 텅 비어 있어 아무것도 없어. 핵의 지름은 원자 직경의 10만 분의 1로 아주 작은 거야.”

“원자핵이 뭐야?”

“포도 안에 씨가 모여 있지? 그런 거야. 원자핵에는 중성자라는 입자와 양성자라는 입자가 있어. 양성자는 양전기를 띠고 있지만, 중성자는 전기를 띠지 않아.”

“원자가 파열되면 어떻게 돼?”

“이 중성자나 양성자 일부가 사라지고, 그 대신 엄청난 힘이 생겨. 그리고 그 힘이 강한 기세로 터져 공장도 집도 무너뜨리는 거야. 그때 중성자도 함께 튀어나와서 사람 몸에 들어가면 여러 가지 원자병이 생기는 거야.”

“아, 다다미 가게 아저씨 머리가 벗겨진 것도 중성자 때문이구나.”

"원자 하나가 폭발해도 엄청난 힘을 내지. 1그램 안에는 셀 수 없을 만큼 많은 원자가 들어 있으니까 그게 한꺼번에 폭발하면 큰일이지."

"원자는 폭탄 말고는 쓸모가 없어?"

"아니, 얼마든지 쓸 수 있지. 이렇게 한꺼번에 터뜨리지 않고 조금씩 조절하면서 터뜨리면 그 힘으로 배도 기차도 비행기도 달리게 할 수 있어. 석탄도 석유도 전기도 필요 없어지고 커다란 기계도 없어도 돼. 좋은 곳에 쓴다면 인간을 행복하게 해줄 수 있어."

"그럼 이제부터 뭐든지 원자로 하겠네."

"그래, 원자력 시대가 되는 거야. 인류는 아주 옛날부터 석기 시대, 청동기 시대, 철기 시대, 석탄 시대, 석유 시대, 전기 시대, 전파 시대를 거쳐 발전해왔고, 앞으로는 원자력 시대가 되는 거야. 마코토도 가야노도 원자력 시대의 인류인 거지."

"원자력 시대, 원자력 시대……."

중얼거리던 아이도 잠이 들었다. 귀뚜라미가 머리맡에서 울고 있다. 인류는 원자력 시대에 행복해질까? 아니면 비참해질까? 신이 우주에 숨겨둔 원자력이라는 보검을 찾아내어 손에 쥔 인류가 이 양날의 검을 휘둘러 어떤 춤을 출까? 옳게 사용하면 인류 문명은 비약적으로 발전할 것이고, 악용하면

지구를 파멸로 이끈다. 어느 쪽이든 더없이 쉽고 간단한 일이다. 그리고 어느 쪽을 선택할지도 인류의 의지에 달렸다. 인류는 이제 원자력을 소유함으로써 자신의 운명을 좌우할 열쇠를 쥐게 되었다. 생각이 여기에까지 이르자 두려워진다. 올바른 종교 외에는 이 열쇠를 잘 보관할 곳이 없다는 생각이 든다.

귀뚜라미는 여전히 울고 있다. 품에 안겨 잠든 가야노가 자꾸 젖을 찾는다. 가슴을 더듬거리다가 아빠라는 것을 알았는지 소리 죽여 흐느끼기 시작한다. 울다가 다시 잠이 든다. 나만이 아니다. 오늘 밤 나가사키에 얼마나 많은 고아가 울고, 미망인이 울고 있을까?

밤은 길고 잠은 짧다. 얕은 선잠 속에서도 어느새 덧문 틈으로 새벽이 몰려든다.

뎅, 뎅, 뎅.

종이 울린다. 폐허가 된 천성당에서 새벽을 알리는 종소리가 울려 퍼진다. 이치타로 씨가 청년들과 함께 벽돌 밑에서 찾아낸 종은 50미터의 종탑에서 떨어졌는데도 전혀 깨지지 않았다. 크리스마스 저녁에 겨우 종을 매달았고, 아침저녁으로 예전처럼 그리운 소리가 울려 퍼진다.

"주님의 사자가 고하노니……"

마코토도 가야노도 벌떡 일어나 담요 위에 앉아 기도를 올린다.

뎅, 뎅, 뎅.

청명한 종소리가 평화를 축복하며 울려 퍼진다. 오랫동안 금지되었던 종소리가, 다시는 멈추지 않겠다는 듯, 세상이 끝나는 날까지 평화의 울림을 전하겠다는 듯 다시 울린다.

인류여, 부디 전쟁을 계획하지 말기를. 원자폭탄이 있는 한 전쟁은 인류의 자살행위일 뿐이니. 원자 벌판에 울고 있는 우라카미 주민들은 세계를 향해 외치지 않는가. 전쟁을 멈춰라. 오직 사랑으로 화해하라. 우라카미 주민들은 잿더미에 엎드려 기도한다.

"간절히 바라옵건대 이 우라카미가 마지막 지옥으로 남게 해주소서."

종은 아직도 울리고 있다.

"죄 없으신 성모 마리아여, 당신을 믿고 따르는 우리를 위하여 기도해주소서."

마코토와 가야노도 기도를 마치고 성호를 그었다. 종소리가 온 세상에 울려 퍼진다.

이 아이들을 남겨 두고

꾸벅꾸벅 졸고 있는데, 어느새 돌아왔는지 가야노가 차가운 뺨을 내 뺨에 비비더니 "아…… 아빠 냄새……."라고 말했다.

이 아이를 남겨 두고 결국 나는 떠나야만 하는가?

엄마 냄새를 잊어버렸으니 아버지 냄새라도 그리워하며 내 잠든 틈을 타 슬며시 다가오는 어린 마음이 애처롭기만 하다. 전쟁으로 엄마를 잃고, 아빠마저 머지않아 잃어야 할 운명을 이 아이는 알고 있을까?

고목조차 쓰러지기 전까지는 어린 새를 머물게 하고 비바람을 피하게 해준다고 한다. 점점 나빠지는 병 때문에 몸을 움직이지 못한 채 누워만 있는 이런 아버지라도 아직 숨만이라도 쉬고 있다면 이 어린 자식에게는 큰 그늘일 것이다.

하지만 내 몸이 이 세상에서 영원히 사라지는 날, 이 아이는 이 방에 쪼그리고 앉아 누구를 향해 무엇을 하소연할 것인가? 내 이불을 벽장에서 꺼내 아직 남아 있는 아빠 냄새에 얼굴을 묻고, 아직 갈지도 않은 어금니를 악물고 울먹이다가 저도 모르게 잠들어 아빠와 엄마가 기다리던 우리 집으로 돌아가는 꿈을 꿀까?

노을이 비쳐 쓸쓸하기만 한 그날의 풍경이 눈에 선하다. 내가 없는 날을 생각하면 차마 눈을 감을 수 없을 것 같다. 적어도 이 아이가 단추를 혼자 끼울 수 있을 때까지만이라도 곁에 있고 싶다.

이런 운명을 일찍부터 예상하지 못한 것도 아니었다. 대학을 졸업하고, 방사선 의학을 전공으로 정하고, 엑스선으로 연구하기로 결심했을 때부터 이미 각오하고 있었다. 많은 선배 학자들이 이 연구로 매일 방사선에 노출되어 결국 과학의 희생양이 되었고, 이 때문에 목숨을 잃었다는 사실을 잘 알고 있었다. 어쩌면 나도 그들과 같은 운명이지 않을까 하는 예감이 들었다.

물론 그것은 결정적인 운명은 아니었다. 선배들의 희생 덕분에 방사선 재해 예방에 관한 효과적인 방법이 고안되었고,

우리도 최대한 주의를 기울이고 있었기 때문이다. 하지만 당시는 만주사변이 터진 직후였고, 의학자들이 너무나 많은 환자를 진료해야 했기 때문에 주의를 기울였음에도 불구하고 몸이 견딜 수 있는 양 이상의 방사선에 노출되어 결국 병들어 죽은 선례가 적지 않았다. 나도 그런 일을 당하지 않으리라 장담할 수 없었다. 더구나 당시 더 큰 전쟁이 일어날 것 같은 분위기였다. 그래서 아내가 될 미도리에게 미리 이 사정을 자세히 이야기했고 승낙받아 가정을 꾸렸다.

함부르크에는 방사선에 노출되이 원자병으로 목숨올 잃은 전 세계 학자들을 기리는 추모비가 있다. 거기에 진리 탐구의 순교자가 된 이들의 이름이 새겨져 있다. 하지만 나는 명예보다 목숨을 아끼는 평범한 사람이었고, 일찍 죽고 싶지 않았다. 그들 옆에 이름을 남기기보다는 하루라도 더 살아서 내가 좋아하는 연구를 조금이라도 더 하고 싶었고, 아들딸이 자라는 모습을 보고 싶었다. 아이들이 내 뒤를 이을 만하다고 안심하며, 좋은 할아버지로 편안히 살고 싶었다.

더구나 방사선에 의해 걸리는 원자병의 고통은 살점을 찢어내는 듯하다는 것을 잘 알고 있기에 가능하면 그 병은 피하고 싶었다. 그래서 원자병 예방에 세심하게 신경 썼다. 소심하고 겁이 많은 성격이라, 학교에 다닐 때는 떨어질까 봐 두려워 철봉도 하지 못할 정도였으니 원자병이야 말할 필요도 없다.

　지금은 엑스레이 기계도 상당히 좋아졌다. 방사선 관구를 금속으로 잘 감싸 작은 구멍을 통해 필요한 엑스선만 내보내게끔 되어 있어서 위험하지 않다. 하지만 이전에는 관구가 그대로 드러나 있어서 엑스선이 사방으로 방사되었다. 방사선은 물체에 닿으면 2차 방사선을 발생해서 산란한다. 이 산란선이 물체에 닿으면 또다시 방사선이 발생한다. 이 때문에 방사선실 안에는 관구의 중심에서 나오는 주(主)방사선 외에도 엄청난 양의 2차 산란선이 사방에서 십자포화처럼 쏟아진다.
　방사선의 세포 파괴력은 암 같은 질병을 치료하는 데도 사용하지만, 일정량을 초과하면 건강한 부분까지 망가뜨린다. 이렇게 생기는 원자병을 막기 위해 우리는 늘 방사선량을 정확히 측정해서 필요한 방사선을 초과하지 않도록 조심한다. 그래서 전문가가 다루는 한 방사선으로 인해 환자에게 피해를 주는 일은 없다.
　방사선은 납 같은 무거운 금속을 통과하지 못해 방호 목적으로 납을 사용한다. 환자의 몸에 방사선을 방사할 때는 촬영 부위를 제외하고는 납이 함유된 고무판으로 가린다. 방사선실의 벽과 바닥, 천장까지 납으로 가려 외부에 새어나가지 못하도록 한다. 배전반 앞에는 납 유리 칸막이를 설치한다. 환자 옆에서 진료하는 의사 역시 납이 들어간 고무로 만든 앞치마, 장갑, 장화나 납 유리 안경 등으로 온몸을 보호한다.

하지만 이렇게 납 보호 장비를 착용하면 상당히 무거워서 활동하기 어렵다. 결국 등이나 양팔, 허벅지 부위 등은 그대로 노출된 상태에 놓인다. 앞에서 나오는 주방사선은 차단할 수 있지만 뒤쪽이나 옆의 2차 산란선은 막을 수 없다.

2차 산란선은 주방사선에 비하면 매우 미비한 수준이지민 오랜 시간 노출되면 무시할 수 없는 양이 된다. 하루 근무 중 노출되는 방사선량이 아무리 적더라도 매일매일 연속적으로 쌓여 5년, 10년이 지나면서 신체 조직이 서서히 파괴되고 마침내 원자병에 걸리게 된다. 각종 피부암, 악성 빈혈, 백혈병, 폐경, 불임 등이 그것이다.

오랫동안 방사선실에서 근무한다고 해서 반드시 원자병에 걸리는 것은 아니다. 매일 일정한 양 이하를 준수한다면 장기간 근무해도 안전하다. 유럽과 미국에서는 인도주의적 차원에서 규약이 잘 지켜져, 방사선실 근무자는 하루 7시간 이하 근무, 주5일 출근, 연 1개월 이상의 휴양을 법률로 보장받으

며, 여기에 특별 위험수당이나 연금 등의 우대 조치가 더해진
다. 일본에서도 방사선실 근무자의 안전을 위한 기준이 노동
기준법에 도입되었으나 실행에 이르기까지는 아직 갈 길이
먼 듯하다. 더구나 전쟁은 모든 국민에게 무리한 일을 강요했
고, 이는 나 역시 마찬가지였다. 이를 피할 수 없었고, 나는 국
민의 한 사람으로 기꺼이 해야 할 의무라고 생각했다. 안 된
다는 것을, 이러면 무리라는 것을 너무나 잘 알고 있으면서도
모든 힘을 다해 내가 맡은 일에 몰두했다.

연구실의 젊은 조수들은 잇따라 전쟁터로 끌려 나갔고 결
국 돌아오지 못했다. 인력은 턱없이 부족해져 여러 사람의 몫
을 나 혼자 맡지 않으면 안 되었다. 대학 강의, 특강, 동원령에
따른 연구, 결핵 예방을 위한 집단 검진, 그리고 엑스선 진단
과 치료 등 어느 하나를 꼽더라도 혼자 감당하기에는 너무나
힘들었다.

정신력이 아무리 강해도 한정된 육체로는 도저히 해낼 수
없었다. 그 당시 연구실의 간호사들이 노래를 만들어 내게 들
려주었다. 그중 이런 것이 있었다.

"셋. 잘생긴 남자, 하지만 잠이 덜 깬 얼굴이라네."

수면 부족과 과로로 쇠약해진 나였다.

"여섯. 너무 무리하면 강의 듣는 학생들도 불쌍해."

차분하고 충분한 강의를 할 수 없었던 나를 나무라고 있다.

"열. 그러다 쓰러지면 천식 아저씨의 겨울은 어쩌지."

남아 있는 힘까지 쏟아붓다 보니 나는 자주 쓰러졌고, 그런 나를 간호사들은 걱정했다. 근무가 끝나고 기계를 청소하면서도 그 노래는 멈추지 않았다.

"다섯. 칠흑 같은 암실에서 귀여운 아이 목소리가 들려."

그리고 우리 연구실의 생활이 그대로 노래에 스며들기도 했다.

"여덟. 투박한 잎치마를 실짝 매고 촬영하는 아가씨들."

내가 여러 사람의 역할을 떠맡아도 환자들은 나를 쉬게 하지 않았다. 몰려드는 환자 수는 갈수록 늘어났다. 평소에 육체적인 일을 해보지도 않은 사람들이 갑자기 공장에 끌려와 중노동을 해야 했다. 과로와 열악한 환경이 겹쳐서 병이 난 사람들이 줄을 이었다. 보통 사람들도 과로와 생활난으로 흉부 질환에 걸리는 경우가 많아졌고, 엑스선의 효력이 널리 알려지면서 이를 이용하려는 이들도 병원으로 몰려들었다.

이런저런 사정으로 내 진료실을 찾는 환자는 어마어마했다. 출근하면 이른 아침부터 환자 대기실과 접수처는 숨이 막힐 만큼 북적였다. 그 모습을 보면 지긋지긋하면서도 '그래

오늘도 시작해보자.' 하는 마음이 일었다. 그렇게 오전 진료를 마치면 오후에는 단체 촬영을 위해 사람들이 몰려온다. 그 일을 끝낼 무렵이면 해가 저문다. 간호부장이 준 차 한 잔을 마시고 정신을 차린 나는 다시 연구실에 들어갔다.

밤늦게 집으로 돌아갈 때면 다리가 움직이지 않아 길 위에 주저앉은 적이 한두 번이 아니었다. 때로는 걱정되어 마중 나온 아내의 어깨를 붙잡고 겨우 집에 들어갈 때도 있었다. 아내는 술을 따뜻하게 데워 놓고 있었다. 나는 행복했다.

그런 식이다 보니 내가 방사선실에서 일한 시간은 매일 10시간에 달했다. 1일 제한량인 0.2뢴트겐을 훨씬 넘긴 방사선을 매일 쪼이고 있었다. 이대로 몇 년 동안 계속되면 원자병이 생기는 것은 일식을 예보하는 것만큼이나 틀림없었다. 이 사실을 알면서도 나는 일을 멈추지 않았다. 국가가 원하는 것이기도 했고, 나를 대신해 그 일을 맡을 사람도 없었다. 그리고 내게는 아무리 지치고 쇠약해져도 환자를 보면 진료하지 않을 수 없는 본능이 있었다. 솔직히 말하면 나는 방사선 연구가 정말 좋았다.

예상했던 대로 원자병은 악성 빈혈과 백혈병으로 나타났다. 연구를 시작한 지 13년이 지난 후였고, 전시 근무를 하며 무리한 지 5년째 되는 해의 일이었다. 앞으로 3년밖에 살 수 없다는 최후 판정이었다. 내 힘으로 더는 막을 수 없는 상황이었다.

그날 밤, 나는 아내에게 모든 것을 이야기했다. 아내는 가만히 듣고 있다가 복받치는 슬픔을 억누르며 말했다.

"살아도 죽어도 오직 하느님의 영광을 위한 것이라면……."

아직 어린 자식의 앞날을 걱정하자 아내가 내 짐을 덜어주었다.

"목숨 걸고 연구했던 아빠의 마음을 아이들도 이해해줄 거예요."

그 말에 나는 용기를 되찾았다. 이제 미련을 남길 일 없이 언제 쓰러지더라도 연구에 매진할 수 있을 것 같았다.

다음날부터 나는 새로운 기운을 북돋우며 연구에 몰두했다. 전혀 다른 사람이 된 것만 같았다. 목숨을 걸고 하는 일이었다. 전쟁은 격화되었고, 잇따른 공습에 병원은 환자로 가득 찼다. 내 진료실은 야전 병원 같았다. 저녁이 되면 다리에 힘이 빠지고 근육이 경련을 일으켜 계단을 오를 때 간호사가 뒤에서 밀어주어야 했다. 그것을 보고 웃는 사람은 나뿐이었다. 학생들이 달려와 내 손에 든 책을 대신 들어주었다. 모두에게 보살핌을 받으며 나는 즐겁고 바쁘게 일할 수 있었다.

원자폭탄이 터진 것은 바로 그때였다. 나는 연구실에서 섬광을 보았다. 그 순간, 현재는 물론 과거와 미래가 모조리 무너져버렸다. 내 눈앞에서 사랑하는 대학과 제자들이 불꽃으로 사라졌다. 내 죽은 후에도 아이들을 잘 키우겠노라 하던 아내도 죽었다. 나는 아내의 뼈를 흔적만 남아 있는 집의 부엌 터에서 주웠다.

만성 원자병을 앓고 있던 내 상태는 원자폭탄에 의해 급성으로 바뀌어, 부상과 함께 생각했던 것보다 빨리 움직일 수 없는 몸이 되었다. 그나마 다행히 때마침 시골 외할머니댁에 놀러 갔던 두 아이는 무사했다.

그때까지 10년 이상 연구해왔던 자료들, 전쟁이 끝나면 정리해 논문으로 발표할 예정이었던 엑스레이 실험 사진들, 노트, 도표 등은 검붉은 불기둥이 되어 연구실 창밖으로 치솟았고, 다음 날 아침에 보니 이미 재로 변해 있었다. 지옥에라도 내던져진 것처럼 절망스러웠다.

하지만 그 절망 속에서도 희망은 싹트고 있었다. 나는 새로운 희망을 품을 수 있었다. 그 새로운 희망이란 인류 역사에 없었던 새로운 병, 지금까지 어디에도 없었던 병, 그 누구도 보지 못한 병, 우리가 의학 역사상 최고의 관찰자로 선택받은 병, 바로 원자병이었다.

‘이 새로운 병을 연구하자!’

그렇게 결심했을 때, 그때까지 나를 짓눌려 있던 마음이 희망과 용기로 가득 찼다. 과학자 정신이 불타올랐다. 피투성이에 붕대로 감긴 내 몸은 기운을 되찾았다. 아직도 열기가 가시지 않은 돌에 앉아 있던 나는 그 자리에서 다시 일어섰다.

헤아릴 수 없는 원자병 환자들, 다양한 증상에 이어지는 사망자들……. 어떻게든 그들을 살려보겠다고 고민에 고민을 거듭하던 그때만큼 의사로서 보람을 느낀 적이 없었다. 지팡이에 의지해야 하는 불편한 몸으로 산 넘고 강을 건니 환자를 찾아 진료했던 그 두 달. 그마저 나 자신이 원자병으로 위독해지면서 중단할 수밖에 없었다.

“원자폭탄이 떨어진 곳에서 다시 살 수 있을까?”

어느 정도 고비를 넘긴 나는 병상에 누워 사람들이 불안해하면서 이야기 나누는 것을 들었다. 75년 동안은 사람이 살 수 없을 뿐만 아니라 풀 한 포기 자라지 않는다는 소문이 자자했다.

나는 자리에 누워 생각했다. 원자폭탄에서 떨어진 방사능 입자와 지면의 원자가 갖게 된 방사능이 그렇게 오랜 기간 남아 있지 않을 것만 같았다. 그런 방사능은 시간이 지나면서 줄어들어야 마땅하다. 이론적으로는 그렇게 생각할 수 있지만, 실제로 실험해보지 않고서는 확신할 수 없다. 나는 하루빨리 실험해보고 싶었다. 그 때문에 조급해졌지만, 기계와 장비는 하나도 남김없이 불타버렸다. 기계와 장비가 없더라도 실험해볼 수 있는 것은 실험해봐야 한다. 나는 폭발 중심지에서 굴러다니는 유리 파편을 관찰하기 시작했다. 유리는 방사선을 오래 받으면 색이 변한다. 다행히 연보라색으로 변한 우유병을 몇 개 발견했다. 그것은 폭발 중심지에 가까울수록 현저했다. 폭발 중심지에는 상당한 양의 잔존 방사능이 있다는 것을 추측할 수 있었다.

한편으로는 지렁이와 개미 같은 흙 속에 사는 작은 동물들에 주목했다. 흙이 방사능으로 오염되어 있다면 이런 작은 생명체가 사멸해서 존재할 수 없었을 것이다. 그런데 일주일 후부터 폭발 중심지에서 개미를 발견했다. 3달 후에는 지렁이도 발견되었다. 이런 작은 동물들이 살아 있다면 인간의 생명을 위협할 정도의 방사능은 없을 것이다.

원자폭탄 폭발 중심지에는 사람들이 하나둘 돌아와 불탄 흔적을 정리하고 오두막을 지어 살기 시작했다. 나는 그들을 찾아가 건강 상태를 조사했다. 폭발 후 2주 동안은 위험했지만, 그 후에는 심각한 문제는 없는 듯했다.

어려운 상황 속에서도 나는 내가 할 수 있는 일을 했다. 무엇보다 감사했던 것은 기계를 갖고 와서 연구를 지원해준 다른 대학의 학자들이었다. 이시카와 박사와 시노하라 교수 덕분에 기계로 정확한 결과를 얻을 수 있었다. 우리 아이들도 여러 번의 고통스러운 채혈 검사를 참아주었다. 많은 이들의 헌신적인 도움과 격려로 원자폭탄 폭발 중심지에서 사람이 살 수 있다는 결론을 빨리 얻었고, 우리는 피난을 가 있던 시민들에게 어서 돌아와 집을 세우고 복구에 힘쓰라고 호소할 수 있있다.

이렇게 눈앞에 닥친 일이 마무리되었다. 열은 여전히 계속되어 38도를 넘는 날도 많았지만, 그래도 지팡이에 의지해 걸을 수는 있었다. 그 무렵 나는 전쟁으로 목숨을 잃은 제자들과 아내를 애도하기 위해 상복을 입은 채 머리를 자르지 않고, 수염을 깎지 않고, 목욕도 하지 않았다. 반년을 그렇게 지냈으니 누가 봐도 실성한 사람으로 보였을 것이다.

그리고 아내의 유골을 주운 불탄 터에 움막을 지었다. 그곳에서는 폐허가 된 대학의 모습도 잘 보였다. 나는 아침저녁으로 그쪽을 향해 기도를 드렸다. 유골을 찾아 헤매는 노인의 모습이 가끔 보일 뿐이었다.

대학의 임시 건물이 오오무라 시에서 세워졌다. 기차로 2시간이나 걸리는 출근은 힘들었다. 강의 중에는 비지땀을 쏟고 숨이 차며, 목소리를 크게 할 수 없어서 학생들에게 폐를 끼쳤다. 강의 중에 네다섯 번은 허리를 굽히거나 앉아 숨을 고르지 않으면 안 되었다.

그것은 적막한 강의였다. 살아남은 학생들에게는 원자폭탄의 생생한 흔적이 남아 있었다. 강의하는 내 얼굴도 반쪽은 상처투성이다. 하지만 감동적인 수업이었다. 많은 동료가 강단에서 목숨을 잃었고, 많은 학생이 강의를 듣다가 죽었다. 그들이 떠난 자리에 남은 우리가 진리 탐구의 길을 묵묵히 이어가고 있다. 그것을 생각하면 결코 연구를 소홀히 할 수 없다. 말로 표현하지는 않았지만 우리는 모두 그 사명감을 느끼고 있었다.

강의가 끝나 연구실로 돌아오면 온몸에 팽팽하게 당겨졌던 힘이 쑥 빠져나가면서 의자 위에 뻗어버렸다. 그렇게 겨우겨우 강의와 교수회에 나가는 동안 체력은 바닥났고, 결국 7월 말 나가사키 역에서 쓰러지고 말았다. 그날 저녁에 겨우 움막에 도착했지만, 그 후 나는 자리에 누워 지내야만 했다.

그날부터 오늘까지 나의 병세는 계속 나빠지고 있다. 지금은 원고지도 혼자 잡는 것조차 힘들어 다른 사람의 힘을 빌려야 할 정도다. 그러니 진료는커녕 현미경을 들여다볼 힘도 없다. 하지만 다행히 내가 연구하고 싶은 원자병이 내 몸 안에 있다는 것이다. 매일의 경과, 자각증과 병변의 관계, 치료법의 효과 여부 등을 차분히 관찰하고 생각할 수 있었다.

내과의 가게우라 교수의 지도로 도모나가 수련의가 나의 치료를 맡았는데, 환자이자 의학자인 내가 주치의와 논쟁하는 것은 정말 유쾌한 일이다. 그 자리에 병리해부학과의 와카하라 교수가 끼면 더 진지해진다. 내 혈액 표본은 온갖 종류의 혈구를 포함하고 있어서 학생들에게는 훌륭한 자료가 될 것이다. 도모나가 선생은 채혈할 때마다 여분으로 많은 표본을 만들어 학생들에게 주고 있다. 병 때문에 강의할 수 없는 나로서는 그것이 학생들에게 줄 수 있는 최소한의 사죄다.

내 피부는 백혈병 환자 특유의 푸른 빛이 돌아 보기만 해도 기분이 좋지 않다. 팔다리도 앙상해질 대로 앙상해져 뼈만 남아, 이제 더 이상 살이 빠질 걱정은 하지 않아도 될 정도였다. 젊어서 농구 선수를 할 때는 171센티미터의 키에 71킬로그램의 보기 좋은 체격이었는데…… 오랜만에 만나는 친구들은 내 모습을 보기만 해도 눈물을 닦는다.

몸은 말라비틀어졌는데 배는 더 이상 피부가 늘어나지 않을 만큼 부풀어 있다. 뱃속에 가스가 가득 찬 청개구리 같다.

배 둘레는 배꼽까지 재서 91센티미터로, 임신 10개월째인 임산부의 배 크기만 하다. 이것은 비장이 엄청나게 커졌기 때문이다. 비장은 원래 사람 손바닥보다 작지만, 내 경우에는 배의 왼쪽 반을 전부 점령하고도 남아 배꼽을 지나 오른쪽까지 걸쳐 있을 정도다. 이 터질 듯 부푼 비장은 외부로부터 조금이라도 충격이 와도 순식간에 터져 내출혈로 이어지고, 결국 사망에 이른다. 내 뱃속에 다이너마이트가 들어 있는 것과 같아서 매순간 방심할 수 없다.

아이들은 부모에게 매달리고 싶어 한다. 학교에서 돌아오면 "다녀왔습니다!" 하고 소리치며 아빠에게 안기고 싶을 것이다. 하지만 아이가 뛰어올라 내 품에 안기는 순간 비장은 터지고 말 것이다. 그래서 주치의인 도모나가 선생은 아이들에게 "아빠 곁에 가까이 가면 안 돼요." 하고 거듭 주의하라고 했다.

아이들은 이 말을 잘 지켰다. 가까이 가고 싶고, 장난치고 싶고, 매달리고 싶고, 응석 부리고 싶은 마음을 억누르고 항상 조금 떨어진 곳에서 나와 대화를 나눈다. 나 역시 세상의 모든 아버지처럼 아이를 안아 올리거나, 간지럼을 태우거나, 깔깔대며 놀아주고 싶다. 하지만 그러다가 아이가 내 위로 달려들거나, 옆에서 장난치다가 내 위로 쓰러지면……. 그런 일을 막으려고 나는 일부러 마음을 독하게 먹고, 이불 주위에 책을 쌓거나 약병을 세워 놓아 담을 쌓았다. 이 담은 부모와 자식 간의 애정을 가로막는 바리케이드인 셈이다.

가야노가 밖에서 친구들과 놀다가 돌아와서 내가 잠들었는지 확인한 후 슬며시 다가와 아빠 냄새를 맡는 것은 이 때문이다.

나도 내 아이의 냄새를 오랜만에 맡아보았다. 백혈병이라고 하면 사람들은 하얀 피가 차갑게 흐를 깃 같다고 생각하지만, 내 혈관 속에도 뜨겁고 붉은 피가 흐르고 있다. 나는 내 아이를 꼭 안아주고 싶다. 어미 개와 강아지가 즐겁게 뛰어노는 것처럼, 서로 깨물고 핥고 흔들고, 몸과 몸을 부대끼며 시간 가는 줄 모르고 놀아주고 싶다. 그러면 아이는 너무 좋아서 숨이 막히도록 웃고 몸부림치겠지. 비장이 터져도 좋다. 이 아이에게 아주 잠깐이라도 아버지의 사랑을 느끼게 해줄 수만 있다면……. 아이가 마냥 즐거울 수만 있다면…….

하지만 그것은 내게 허락되지 않는다. 한 달이라도, 하루라도, 단 한 시간이라도 더 살아서 이 아이가 고아가 되는 시기를 늦추어야 한다. 1분, 1초라도 어떻게든 살아서 이 아이가 견

려야 할 외로운 시간을 줄여 주어야만 한다.

가슴속에 연기처럼 솟구치는 사랑을 애써 누르고 나는 더욱 냉정하게 아이를 밀어내야 한다. 하지만 혈육의 정은 화로에 올려놓은 주전자의 수증기처럼 누르면 누를수록 더 크게 끓어오른다. 엄마라도 살아 있었으면 이 아이도 아빠를 단념하고 엄마한테 안길 텐데……. 하지만 그 엄마는 죽고 없다. 엄마 냄새가 남은 유품도, 사진조차 다 불타버렸다.

내가 여전히 자는 척하자 가야노가 뺨을 갖다 댄다. 뺨이 따뜻해져 온다. 누군가에게도 알려주고 싶지 않은 보물을 몰래 감춰 두고 혼자 즐기는 사람처럼 가야노는 작은 목소리로 부른다.

"아빠……."

그것은 나를 부르는 것이 아니라 이 아이의 작은 가슴에 담겨 있던 추억이 저절로 우러나온 것이었다.

에필로그

사랑하는 아이들에게

내 사랑하는 아이들에게.

그날 너희는 자두를 접시에 담아 놓고 엄마를 기다렸지. 하지만 엄마는 묵주 하나만 세상에 남겨 두고 하늘나라로 떠나버렸구나.

너희의 따뜻한 울타리였던 엄마를 빼앗아 간 것은 무엇일까? 원자폭탄일까? 아니다. 그것은 의지도 생각도 없는 물체일 뿐이다. 그것이 어떻게 엄마를 빼앗아 가려고 우라카미까지 올 수 있을까. 세상에서 가장 다정하고 소중했던 엄마를 빼앗아 간 것은 전쟁이다.

전쟁이 길어지면 전쟁을 시작한 명분은 어느새 사라진다. 전쟁이 끝나면 이긴 쪽도 진 쪽도 무엇을 위해 그토록 싸우고 수많은 목숨을 앗았는지 알지 못한다. 그래서 살아남은 사람들은 전쟁의 참혹함을 바라보며 외칠 것이다.

"전쟁은 이제 더는 없어야 한다!"

"두 번 다시는 전쟁을 벌이지 말아야 한다!"

하지만 몇 년만 지나면 참혹했던 기억은 사라지고 다시 전쟁을 벌이고 싶은 마음이 싹튼다. 인간은 그처럼 어리석은 존재다.

마코토야, 가야노야.

일본은 앞으로 절대 전쟁에 나서지 않겠다고 헌법에 명시했다. 헌법은 정해지면 반드시 지켜야 하는 중요한 약속이다. 이 약속이 일본을 힘들게 할 수도 있을 것이다. 하지만 인류의 평화를 위해 만든 약속이라면 아무리 힘들더라도 반드시 지켜야 한다. 이 약속을 조롱하거나 어기는 이들이 있다면 우리는 그들을 막아내야 한다. 이것이야말로 전쟁이라는 끔찍하고 비참한 재난을 이겨내는 힘이며, 이것이야말로 우리가 잃지 말아야 할 진정한 용기다.

여론은 국제정세에 따라 언제든지 변할 수 있다. 언젠가는 전쟁을 포기하는 헌법 조항을 삭제해야 한다고 주장할지도 모른다. 그 주장에 그럴듯한 구실을 붙여 다시 무장해야 한다는 여론을 조정할지도 모른다.

일본이 재무장하는 상황이 된다면 너희가 '전쟁 결사반대'를 외치길 바란다. 비난과 폭력을 당해도 '전쟁 결사반대'를 외치는 최후의 두 사람이 되어주길 바란다. 비겁자라고 멸시당하거나 배신자라고 손가락질당해도 절대로 놓지 않기를 바란다.

무장하지 않으면 적이 공격해왔을 때 우리만 죽는다고 주장하는 사람도 있을 것이다. 무기를 가져야만 정말 살아남을까?

무기도 없고 저항도 하지 않는 사람에게는 죽음밖에 없을까? 늑대가 멸종한 것은 인간을 위협하는 날카로운 이빨 때문이었단다. 늑대와 달리 아무런 무기도 없고 연약해 보이는 비둘기는 늘 인류에게 사랑받으며 자유롭게 하늘을 날고 있다.

오직 사랑으로 무장하고, 오직 사랑으로 나라를 지키고, 오직 사랑으로 인류가 손을 잡을 때 비로소 평화롭고 아름다운 세상이 만들어진다.

적도 사랑해야 한다. 사랑하고 사랑하고 또 사랑해야 한다. 그들이 우리를 미워할 틈도 없을 만큼 사랑해야 한다. 사랑하면 반드시 사랑받으며, 사랑받으면 멸망하지 않는다. 사랑의 세계에는 적이 없으며, 적이 없으면 전쟁도 일어나지 않는 법이다.

아버지의 이 말을 절대 잊지 않기를 바라고 바란다.

내 사랑하는 마코토와 가야노에게.

인격적으로 점잖은 무게 '드레'

드레북스는 가치를 존중하고 책의 품격을 생각합니다